FERRET - 1972

COMMENTAIRE DE LA LOI

DU 1er FÉVRIER 1868

SUR LE

RUTEMENT DE L'ARMÉE

ET L'ORGANISATION

DE LA GARDE NATIONALE MOBILE

un exposé de la législation sur le recrutement de l'armée
depuis la loi du 21 mars 1832

la Circulaire du Ministre de la Guerre du 12 février 1868,
concernant les Conseils de révision d'arrondissement ;

PAR J. RAUTER

Docteur en droit, Avocat à la Cour impériale de Paris.

Prix : 1 fr. 50

PARIS

AU BUREAU DU JOURNAL DES COMMUNES

Rue d'Anjou-Dauphine, 8

1868

COMMENTAIRE de la loi du 1er février 1868 sur le recrutement de l'armée et l'organisation de la garde nationale
mobile ;

PRÉCÉDÉ D'UN

**EXPOSÉ de la législation sur le recrutement de l'armée
depuis la loi du 21 mars 1832.**

et suivi de la Circulaire du Ministre de la Guerre du 12 février 1868,
concernant les Conseils de révision d'arrondissement,

PAR J. RAUTER,

Docteur en Droit, Avocat à la Cour impériale de Paris.

—

PREMIÈRE PARTIE.

EXPOSÉ DE LA LÉGISLATION SUR LE RECRUTEMENT DE L'ARMÉE
DEPUIS LA LOI DU 21 MARS 1832.

1. Le projet de loi sur la nouvelle organisation des forces militaires de la France, après avoir subi plusieurs transformations et
soulevé les plus vives discussions dans la presse et au Corps législatif, a abouti à la loi du 1er février 1868, *sur le recrutement de
l'armée et l'organisation de la garde nationale mobile.*

Cette loi introduit de graves modifications dans le recrutement
de l'armée. Elle prolonge la durée du service, qui est désormais
de neuf années, dont cinq dans l'armée active et quatre dans la
réserve. Elle supprime le système d'exonération et d'engagements
avec primes, organisé par la loi du 26 avril 1855, pour revenir à
l'ancien système de remplacement de la loi du 21 mars 1832.

Elle organise, sous le nom de *garde nationale mobile*, une force
militaire destinée à seconder l'armée dans la défense du pays,
lorsque la guerre est déclarée.

La loi du 1er février 1868, loin de faire table rase de la législation antérieure, vise un grand nombre de textes de loi, soit pour
les abroger ou pour les modifier, soit pour les remettre en vigueur.
Aussi est-il indispensable, non-seulement pour apprécier les conséquences de la loi nouvelle, mais même pour en comprendre le
texte, de rappeler les différentes lois qui l'ont précédée.

2. Notre point de départ sera la loi du 21 mars 1832 *sur le recrutement de l'armée,* qui a abrogé toutes les dispositions antérieures et qui reste, plus que jamais, la loi fondamentale de la
matière.

Aux termes de cette loi, l'armée se recrute par des appels et
des engagements volontaires.

La force du contingent appelé est fixée, chaque année, par une
loi spéciale. Il est réparti entre les départements et les cantons,
proportionnellement au nombre des jeunes gens inscrits sur des

tableaux de recensement formés dans chaque canton et comprenant les jeunes Français qui ont leur domicile légal dans le canton et qui ont atteint vingt ans révolus dans le courant de l'année précédente (1). Le contingent assigné à chaque canton est fourni par un tirage au sort entre les jeunes gens portés sur le tableau de recensement. Dans chaque département, un conseil de révision est institué pour revoir les opérations du recrutement et statuer sur les cas d'exemption et de déduction (2).

Ces dispositions de la loi du 21 mars 1832 sont restées immuables et ne nous arrêteront pas. Nous insisterons, au contraire, sur certaines dispositions qui ont subi, à différentes époques, des modifications importantes et parfois radicales. Elles concernent le remplacement et la substitution de numéros, les engagements volontaires, la durée du service et la division du contingent en deux portions.

La loi du 21 mars 1832 donnait, à celui qui est désigné par le sort pour faire partie du contingent, le droit de se dispenser de servir, soit en échangeant son numéro avec un autre jeune homme du même canton appelé au même tirage, soit en présentant un homme qui servait à sa place, et dont il était responsable pendant un an (art. 23).

L'administration n'intervenait que pour constater l'existence des conditions légales de la *substitution de numéro* ou du *remplacement*. Le prix du service rendu était fixé, entre les contractants, comme dans toute autre convention.

Dans ce système, il importait peu à l'Etat que l'on satisfît au recrutement en personne ou par autrui. Le chiffre du contingent ne s'en trouvait pas modifié, et l'Etat ne courait aucune chance de gain ou de perte sur le prix du remplacement ou de la substitution.

Les engagements volontaires ne pouvaient, d'après la loi du 21 mars 1832, donner lieu à aucune prime en argent, même en faveur des militaires qui consentaient à prolonger la durée de leur service, et auxquels la loi ne concédait d'autre avantage qu'une haute paye.

L'article 29 de la loi posait le principe de la division du contingent en deux portions, d'après l'ordre des numéros du tirage au sort : la première comprenant les jeunes gens appelés immédiatement à l'activité, la seconde, ceux qui devaient être laissés dans leurs foyers et qui ne pouvaient être mis en activité qu'en vertu d'une ordonnance royale.

---

(1) Les jeunes gens qui ont atteint l'âge de vingt ans révolus pendant une année donnée, forment la classe de cette année et sont appelés au tirage de l'année suivante. Ainsi les jeunes gens qui ont eu vingt ans en 1867, forment la classe de 1867 et sont appelés au tirage de 1868.

(2) Les causes d'*exemption*, qui sont déterminées par l'art. 13 de la loi du 21 mars 1832, diffèrent des causes de *déduction*, énumérées par l'art. 14 de la même loi, en ce que, au moyen des premières, les appelés sont remplacés par d'autres jeunes gens dans l'ordre des numéros subséquents, tandis que, au moyen des secondes, ils sont considérés comme ayant satisfait à l'appel et comptés numériquement en déduction du contingent.

Mais, aux termes de l'article 30, ils pouvaient, de même que les militaires en congé illimité, être soumis à des revues et à des exercices périodiques fixés par le ministre de la guerre.

Ce même article 30 fixait la durée du service à sept années, à partir du 1er janvier de l'année du tirage au sort.

3. Jusqu'à l'époque de la guerre de Crimée, la loi du 21 mars 1832 ne subit que des modifications peu importantes (1). Le contingent fut fixé, chaque année, par le pouvoir législatif, au chiffre de 80,000 hommes. Jusqu'en 1840, la division du contingent en deux portions, prescrite par l'article 29 de la loi du 21 mars 1832, était opérée par la loi qui fixait le contingent.

Depuis 1841, le législateur laissa ce soin au pouvoir exécutif. Les ordonnances, les arrêtés et les décrets qui intervinrent à cet effet, divisèrent en général le contingent en deux portions égales de 40,000 hommes chacune.

La première portion était immédiatement incorporée; la seconde restait dans ses foyers jusqu'au jour où un nouvel acte du Gouvernement l'appelait à l'activité. Le ministre de la guerre n'usait pas, à l'égard des jeunes gens de la seconde portion du contingent, du droit conféré par l'article 30 de la loi du 25 mars 1832, de les soumettre à des revues et à des exercices périodiques.

4. A partir de la guerre de Crimée, des modifications importantes sont apportées dans le recrutement de l'armée.

Pour les exposer avec clarté, nous examinerons successivement : 1° les modifications apportées à la loi organique du 25 mars 1832 ; 2° l'élévation du contingent annuel ; 3° l'organisation de la réserve en 1861.

5. 1° *Modifications apportées à la loi organique du 25 mars 1832.*

La loi du 26 mars 1855, *relative à la création d'une dotation de l'armée, au rengagement, au remplacement et aux pensions militaires,* a inauguré un système qui peut se résumer ainsi :

Les jeunes gens faisant partie du contingent obtenaient leur *exonération* moyennant le paiement d'une prestation déterminée chaque année par le ministre de la guerre. Cette prestation était

---

(1) Arrêté du Gouvernement provisoire, du 31 mars 1848, qui autorise les engagements volontaires pour une durée de deux ans, rapporté par un décret du 17 janvier 1852.

Décret, du 1er avril 1848, qui exempte de la loi du recrutement les frères des citoyens morts ou blessés en 1848.

Décret de l'Assemblée nationale, du 10 juillet 1848, portant que tout Français, âgé de dix-sept ans, pourra être admis à contracter un engagement volontaire.

Loi du 26 décembre 1849, portant que les jeunes gens placés sous la tutelle des commissions administratives des hospices, seront inscrits sur les tableaux de recrutement de la commune de leur résidence.

Loi du 15 mars 1850, sur l'enseignement, art. 79, concernant la dispense accordée aux jeunes gens qui se vouent à l'enseignement. Nous nous en occuperons plus loin.

versée dans la *Caisse de dotation de l'armée,* institution créée sous la surveillance et la garantie de l'Etat. La caisse de dotation de l'armée appelait les militaires et les anciens militaires à contracter des rengagements ou des engagements après libération, en leur offrant le paiement d'une haute paye, d'une prime et d'une pension de retraite. Elle pourvoyait au remplacement des jeunes gens exonérés, soit au moyen des soldats engagés ou rengagés, soit, au besoin, par des remplaçants administratifs.

D'une part, la loi du 26 mars 1855 modifiait la disposition de l'article 31 de la loi du 25 mars 1832, qui avait interdit tout prix d'engagement dans l'armée; d'autre part, elle contraignait les jeunes gens appelés au service à s'adresser à la caisse de la dotation pour obtenir l'*exonération* qui constituait, en principe, le seul moyen de s'affranchir du service.

L'article 10 portait en effet : « Le mode de remplacement établi « par la loi du 21 mars 1832 est supprimé, si ce n'est entre frères, « beaux-frères et parents jusqu'au quatrième degré. — La *substi-* « *tution de numéros* autorisée par cette loi *est maintenue.* »

Cet article 10 fut remplacé, en vertu d'une loi du 17 mars 1858, par une disposition qui étendait la faculté de remplacement jusqu'aux parents au sixième degré, mais qui restreignait en même temps la substitution de numéros dans les mêmes limites que le remplacement.

Une loi du 24 juillet 1860 apporta, à celle du 26 mars 1855, quelques modifications relatives aux conditions des engagements et des rengagements avec primes, sur lesquelles il n'y a pas lieu d'insister.

Enfin, une loi du 4 juin 1864 eut pour objet de résoudre une difficulté que présentait la situation des frères des militaires engagés ou rengagés avec primes (voy. ci-dessous n° 27).

6. 2° *Elévation du contingent annuel.*

Une loi du 23 avril 1853 avait fixé, suivant l'usage, à 80,000 hommes le chiffre du contingent de la classe de 1853. Ce contingent fut porté à 140,000 hommes par une loi du 15 avril 1854, au moment où éclata la guerre avec la Russie. Le contingent de la classe de 1854 et celui de la classe de 1855 furent également fixés à 140,000 hommes chacun.

Ces trois contingents de 140,000 hommes furent appelés tout entiers à l'activité. De plus, des décrets impériaux appelèrent successivement à l'activité tout ce qui restait disponible sur les deuxièmes portions des contingents des classes de 1852, 1851, 1850 et 1849.

Après la conclusion de la paix, le ministre de la guerre délivra un grand nombre de congés, et le Gouvernement invoqua la nécessité de combler les vides pour obtenir que le contingent de la classe de 1856 fût fixé à 100,000 hommes. Depuis cette époque, ce chiffre s'est trouvé reproduit chaque année dans la loi du contingent.

7. *Organisation de la réserve en 1861.*

Le mot *réserve* n'existe pas dans la loi de 1832. Pour désigner

(5)

les jeunes soldats de la seconde portion du contingent qui n'ont
pas été appelés à l'activité et les militaires qui ont obtenu des
congés illimités, le législateur emploie les termes *hommes laissés
ou envoyés en congé.*

Mais la dénomination de *réserve* existe dans les documents
officiels, et notamment dans *les comptes rendus sur le recrutement
de l'armée,* publiés par le ministre de la guerre.

Depuis 1861, le ministre de la guerre use du droit que lui confère l'article 30 de la loi de 1832, de soumettre les jeunes soldats
de la deuxième portion du contingent, non-seulement à des revues, mais encore à des exercices périodiques.

Les militaires en congé illimité, ou *renvoyés par anticipation,*
ne sont soumis qu'à des revues.

Une circulaire du ministre de la guerre, du 10 janvier 1861, a
fait connaître les mesures prises à l'égard des jeunes soldats de la
deuxième portion du contingent.

« Ils sont réunis dans l'un des dépôts d'instruction établis dans
« leur département, pour y être exercés, la première année pen-
« dant trois mois, après lesquels ils sont renvoyés provisoirement
« en congé. La deuxième année, ils sont rappelés dans les dépôts
« pour y être exercés de nouveau pendant deux mois, et la troi-
« sième année pendant un mois. »

Les exercices de la troisième année sont actuellement suppri-
més.

8. Précisons bien la composition et les obligations de *la réserve,*
au moment où la nouvelle loi est entrée en vigueur. Elle comprenait : 1° les *jeunes soldats* de la deuxième portion des contingents, tant qu'un décret impérial ne les avait pas appelés à l'activité ; 2° les *militaires renvoyés par anticipation* dans leurs foyers.

Tous ces hommes appartenaient à l'armée et ne pouvaient se
marier sans l'autorisation du ministre de la guerre. Les premiers
ne pouvaient être appelés à l'activité que par un décret impérial
applicable à la classe ou à une portion de la classe à laquelle ils appartenaient. Ils étaient soumis à des revues et de plus à des exercices
pendant les deux premières années de leur service. Les seconds
n'étaient soumis qu'à des exercices, mais ils pouvaient être rappelés
à l'activité par une décision individuelle du ministre de la guerre.

9. Le *compte rendu des opérations du recrutement de l'armée
pendant l'année* 1866, récemment publié par le ministre de la
guerre, nous donne (tableau Z³) la décomposition de l'effectif de
la réserve au 1ᵉʳ janvier 1867.

Cet effectif comprenait 205,559 hommes, dont 203,907 jeunes
soldats et 1,652 militaires en congé illimité ou *renvoyés par anticipation.* L'armée active comprenait à cette époque 394,130 militaires, ce qui constituait un effectif général de 599,689 hommes.

L'exposé de la situation de l'Empire nous fait connaître les
modifications survenues depuis le 1ᵉʳ janvier 1867 jusqu'au 31
octobre de la même année (*Moniteur* du 23 novembre 1867,
p. 1449, colonne 5).

Ces modifications ne proviennent pas seulement de ce que la

classe de 1866 a été appelée dans l'intervalle. Elles proviennent de ce que le Gouvernement a modifié les éléments de la réserve et mis en pratique, autant que la loi du 21 mars 1832 l'y autorisait, le système de la nouvelle loi, qui consiste à faire passer le plus de monde possible sous les drapeaux, en diminuant la durée du service actif.

En effet les décrets impériaux des 20 avril et 12 juin 1867 ont définitivement incorporé les deuxièmes portions des contingents des classes de 1864 et de 1865, qui font désormais partie de l'armée active. D'autre part, dans le courant de l'année 1867, les *militaires* des classes de 1860, 1861 et 1862, libérables les 31 décembre 1867, 1868 et 1869, ont été renvoyés *par anticipation* dans leurs foyers et inscrits *sur les contrôles de la réserve*.

Ainsi, tandis qu'au 1er janvier 1867, la réserve se composait presque exclusivement de jeunes soldats, elle comprenait un nombre considérable de *militaires* sortis de l'armée active, au 1er octobre 1867. *L'exposé de la situation de l'Empire* ne nous fait connaître que le chiffre total de la réserve à cette époque, sans indiquer les éléments dont elle se composait.

Ce chiffre est de 226,466
A cette même époque l'armée active comprenait à l'intérieur 358,769
En Algérie 65,263

Total de l'armée active . . 424,032   424,032

Total général 650,498

Il résulte toutefois de l'*exposé* qu'il faut déduire de l'armée active environ 40,000 hommes en congé à divers titres, ce qui réduit l'effectif soldé à 384,032 hommes.

Nous avons donné ces chiffres, pour faire connaître les résultats de la loi du 21 mars 1832, avec un contingent annuel de 100,000 hommes servant sept ans à partir du 1er janvier de l'année du tirage, contingent divisé en deux portions égales de 50,000 hommes chacune. Nous avons montré avec quelle facilité le Gouvernement pouvait modifier la composition de l'armée active, sans en altérer notablement l'effectif.

Il pouvait, à son choix, maintenir les militaires de la première portion des contingents en activité, pendant toute la durée du service, ou bien puiser dans la deuxième portion des contingents. N'oublions pas que, *même en temps de paix*, un simple décret suffisait pour appeler toute la réserve à l'activité.

10. La pensée d'introduire des modifications dans l'organisation des forces militaires de la France, a pris naissance à la suite des graves événements qui s'accomplirent en Allemagne, dans le courant de l'année 1866.

En vertu d'un rapport du ministre de la guerre du 26 octobre 1866, approuvé par l'Empereur, une haute commission fut chargée de rechercher ce qu'il y aurait à faire pour mettre les forces nationales en situation d'assurer la défense du territoire et le maintien de notre influence politique.

Cette haute commission, présidée par l'Empereur, comprenait cinq ministres, les maréchaux de France, des généraux et des membres de l'intendance (*Moniteur* du 30 octobre 1866).

Le *Moniteur* du 12 décembre 1866 annonça au pays que la commission venait de terminer ses travaux et que le projet de *réorganisation de l'armée* allait être envoyé au Conseil d'État. Il en faisait connaître les bases principales.

Afin d'obtenir une armée de 800,000 hommes, assistée d'une force militaire qui serait chargée en temps de guerre de la défense des places fortes et des côtes, le projet classait les forces militaires en trois catégories :

1° *L'armée active*, composée des engagés et des rengagés, ainsi que des hommes appelés par la loi annuelle du contingent. La durée du service devait être de six ans;

2° *La réserve*, composée de tous les jeunes gens de la classe, que le sort n'aurait pas désignés pour faire partie du contingent annuel. La durée du service devait être également de six ans. La réserve devait se diviser en deux parties égales, déterminées par les numéros du tirage : la première, dite *réserve du premier ban*, restant à la disposition du ministre, même en temps de paix; la seconde, dite *réserve du second ban*, ne pouvant être appelée qu'en temps de guerre et par décret impérial. Le mariage devait être permis dans la réserve, après quatre ans de service;

3° *La garde nationale mobile*, formée des soldats ayant servi six ans dans l'armée active ou dans la réserve et de ceux qui se seraient fait exonérer. Le service y devait être de trois ans. La mise en activité ne devait être ordonnée qu'en temps de guerre et par une loi spéciale.

Le projet rétablissait la substitution de numéros. Il maintenait l'exonération; mais le nombre des exonérations que peuvent obtenir, chaque année, les jeunes gens compris dans le contingent, ne devait pas dépasser la totalité des rengagements et des engagements de libération de l'année précédente.

Il autorisait les jeunes gens qui ne pourraient pas obtenir l'exonération, à permuter avec un homme de la réserve ou de la garde nationale mobile.

11. Le Conseil d'État crut devoir introduire des modifications à ce projet, dans le but d'alléger les charges qu'il imposait au pays, et nous verrons plus loin que la commission du Corps législatif continua l'œuvre d'atténuation, à laquelle le chef de l'État s'est lui-même associé.

Le projet, rédigé par le Conseil d'État, prit le titre de *projet de loi relatif à l'armée et à la garde nationale mobile*. Il fut présenté au Corps législatif dans la séance du 7 mars 1867. (Voir le projet avec l'exposé des motifs au *Moniteur* du 8 mars 1867; voyez aussi un résumé du projet au *Moniteur* du 9 mars 1867.)

Suivant ce projet, une loi devait diviser chaque année la classe appelée au tirage au sort en deux parties : la première incorporée à l'armée active pendant cinq ans à partir du 1er juillet de l'année du tirage, et servant ensuite pendant quatre ans dans la réserve ; la seconde servant pendant quatre ans dans la réserve et pendant cinq ans dans la garde nationale mobile.

Ainsi, toute la classe devait faire partie, soit de l'armée active, soit de la réserve, et le projet de loi ne restreignait, en aucune manière, le droit du Gouvernement d'appeler les soldats de la réserve à l'activité, par simple décret et en temps de paix.

Le projet du Conseil d'État rétablissait les substitutions de numéros. Il ne maintenait l'exonération que pour les jeunes gens désignés par leurs numéros pour faire partie de l'armée active, conférant, aux hommes de la réserve, le droit de permuter avec des hommes de la garde nationale mobile ou de se faire remplacer.

Il prenait, pour former la garde nationale mobile, destinée à la défense des places fortes, des côtes et des frontières : 1° les hommes ayant fait quatre ans dans la réserve ; 2° les remplacés et les exonérés. Cette garde nationale mobile ne devait être appelée à l'activité que par une loi spéciale, ou, dans l'intervalle des sessions, par un décret, qui devait être présenté dans les vingt jours au Corps législatif, pour être converti en loi.

Le projet soumettait les jeunes gens de la garde nationale à des exercices et à des réunions, dont la durée ne devait pas excéder deux mois et demi, dans les cinq ans, et vingt-cinq jours, dans une seule année, et pendant lesquels ils devaient être soumis à la discipline et aux lois militaires et justiciables des conseils de guerre.

12. La commission du Corps législatif, chargée d'examiner ce projet de loi, présenta, à la séance du 8 juin 1867, par l'organe de son rapporteur, M. Gressier, une nouvelle rédaction, dont elle était convenue avec le Conseil d'État, sous la réserve de certains amendements que le Conseil avait repoussés et qu'elle entendait maintenir (Voir le *Moniteur* des 9 et 19 juin 1867).

Les principales modifications faites au projet, par le Conseil d'État, portaient sur les points suivants :

On ne prenait plus la classe entière. Chaque année, une loi spéciale devait déterminer la force du contingent, de manière que l'effectif de l'armée fût maintenu au chiffre de 800,000 hommes. Cette même loi devait diviser le contingent en deux portions : l'une servant cinq ans dans l'armée active et quatre ans dans la réserve ; l'autre quatre ans dans la réserve et cinq ans dans la garde nationale mobile. Les militaires entrant dans la réserve après cinq ans de service actif ne devaient être rappelés à l'activité que par décret de l'Empereur et par classe, en commençant par la moins ancienne. Ils pouvaient se marier sans autorisation dans les deux dernières années de leur service.

Le projet amendé supprimait le système d'exonération et d'engagements avec primes de la loi du 26 avril 1855 relative à la dotation de l'armée, et il remettait en vigueur les dispositions de la loi du 21 mars 1832 relatives au remplacement et à la substitution de numéros.

Il exemptait de la garde nationale mobile ceux qui se sont fait exonérer du service militaire ou qui s'y sont fait remplacer. Il autorisait d'une manière générale le remplacement dans la garde nationale mobile. Les hommes qui la composent ne devaient être soumis à la discipline et aux lois militaires qu'à partir de la loi ordonnant la mise en activité.

La commission avait demandé que les réunions ou les exercices ne pussent jamais donner lieu à un déplacement de plus d'une journée, mais cet amendement avait été rejeté par le Conseil d'Etat.

Enfin, le projet renfermait des dispositions transitoires concernant les jeunes gens des classes de 1863 à 1866, qui devaient être appelés à faire partie de la garde nationale mobile.

13. La session législative de 1867 finit sans que le Corps législatif eût commencé la discussion de la loi sur l'armée.

A l'ouverture de la session législative de 1868, qui eut lieu le 18 novembre 1867, le discours impérial annonça que, comme le système du projet de loi avait paru trop absolu, le Gouvernement proposerait des dispositions nouvelles qui ne seraient que de simples modifications à la loi de 1832, mais qui atteindraient le but poursuivi : réduire le service pendant la paix et l'augmenter pendant la guerre. (*Moniteur* du 19 novembre 1867.)

Le 20 novembre 1867, *les dispositions modificatives du projet de loi* ont été transmises au Corps législatif et renvoyées à la commission. (*Moniteur* du 21 novembre 1867.)

Dans la séance du 12 décembre 1867, M. Gressier a déposé un premier rapport supplémentaire avec *une nouvelle rédaction du projet*, adoptée par la commission et le Conseil d'Etat, qui a servi d'objet à la discussion publique.

Ce nouveau texte, intitulé *Projet de loi sur le recrutement de l'armée et l'organisation de la garde nationale mobile*, comprenait deux titres : le premier, *du recrutement de l'armée*, ne contenait que deux articles : 1° un article modifiant les art. 13, 30, 33 et 36 de la loi du 21 mars 1832, et ayant pour but principal de porter la durée du service à neuf ans, dont cinq dans l'armée active et quatre dans la réserve; 2° un article qui supprimait l'exonération et rétablissait la substitution de numéros et le remplacement. Le titre II, *de la garde nationale mobile*, était à peu près conforme à celui du projet qui avait été proposé dans la séance du 8 juin 1867.

Les amendements, repoussés par le Conseil d'Etat et maintenus par la commission, avaient pour objet : 1° d'autoriser les soldats de la réserve à se marier dans les trois dernières années de leur service, tandis que le Conseil d'Etat ne concédait cette faculté que dans les deux dernières années ; 2° d'interdire les déplacements de la garde nationale mobile pendant plus d'une journée pour les revues et exercices, dont le nombre est limité à quinze par an.

14. Le projet de loi fut discuté au Cors législatif dans les séances des 19, 20, 21, 23, 24, 26, 27, 28, 30 et 31 décembre 1867, 2, 9, 10, 11, 13 et 14 janvier 1868. (Voir au *Moniteur*, les numéros parus le lendemain de chaque séance.) Nous n'essayerons pas d'analyser ces débats, où furent traitées les plus graves questions de politique intérieure et étrangère, et où l'on examina un grand

1.

nombre d'amendements, dont quelques-uns constituaient de véritables contre-projets, changeant complétement l'organisation de l'armée.

Parmi les amendements *qui ont été adoptés* lors de la discussion publique, les principaux ont eu pour objet, *en ce qui concerne les dispositions permanentes de la loi* : la révision des art. 4 et 15 de la loi du 21 mars 1832, l'abaissement de la taille, les exemptions à déduire de celles qui doivent être appliquées dans la même famille, la permission de se marier accordée aux soldats de la réserve pendant les *trois* dernières années de service, la réduction de la durée des revues et des exercices dans la garde nationale mobile, l'adoucissement de la discipline imposée aux hommes qui en font partie, l'interdiction en principe du remplacement dans la garde nationale mobile, l'obligation d'en faire partie imposée à ceux qui se sont fait remplacer au service militaire.

Les amendements les plus importants apportés aux *dispositions transitoires* ont eu pour objet : 1° la faculté accordée aux jeunes gens de la classe de 1867 de recourir, dans une certaine mesure, à l'exonération qui est supprimée en principe; 2° la limitation aux classes de 1864, 1865 et 1866, de l'obligation de servir dans la garde nationale mobile, qu'on avait voulu imposer également à la classe de 1863.

La prise en considération de ces divers amendements a nécessité quatre nouveaux rapports supplémentaires de la commission. Ils ont été présentés dans les séances du 19 décembre 1867, et des 7, 10 et 13 janvier 1868. (Voy. 2ᵉ rapport suppl., *Monit.* des 20 et 21 décembre 1867; 3ᵉ rapport suppl., *Monit.* des 8, 10, 11 et 12 janvier 1868; 4ᵉ rapport suppl, *Monit.* du 11 janvier 1868; 5ᵉ rapport suppl., *Monit.* du 14 janvier 1868.)

Le projet de loi a été adopté par le Corps législatif dans sa séance du 14 janvier 1868, par 195 voix contre 43, sur 238 votants.

15. La nouvelle loi a été soumise au Sénat le 16 janvier 1868. La commission chargée de l'examiner a choisi pour rapporteur M. Dumas, qui a lu son rapport dans la séance du 23 janvier 1868 (*Moniteur* du 24 janvier 1868). La discussion a eu lieu dans les séances des 27 et 28 janvier 1868; elle s'est terminée par un vote par lequel le Sénat, à l'unanimité moins une voix, a déclaré ne pas s'opposer à la promulgation de la nouvelle loi (*Moniteur* des 28 et 29 janvier 1868. — Voyez aussi un *exposé succinct* de la loi au *Moniteur du soir* du 24 janvier 1868).

La loi a été sanctionnée et promulguée le 1ᵉʳ février 1868 (*Moniteur* du 4 février 1868). Elle a paru au *Bulletin des lois*, le 3 février 1868.

16. Avant de donner le commentaire des articles de la loi, dont nous avons suffisamment fait connaître le système général, nous croyons devoir rappeler qu'elle ne peut être comprise qu'en la rapprochant de la loi du 21 mars 1832, qui reste la loi fondamentale du recrutement. La loi nouvelle ne fait qu'en modifier certaines dispositions et elle en fait revivre d'autres qu'avait abrogées la loi du 26 avril 1855. Tout au contraire, cette dernière loi disparaît dans toutes ses dispositions relatives au recrutement de l'armée.

La loi du 1er février 1868, *sur le recrutement de l'armée et l'organisation de la garde nationale mobile,* comprend dix-sept articles. Elle est divisée en deux titres. Le premier, *du recrutement de l'armée,* ne comprend que deux articles. Le second, *de la garde nationale mobile,* en comprend quinze, répartis en quatre sections intitulées : 1° *De la composition de la garde nationale mobile, de son objet, de la durée du service* (art. 3 à 7); 2° *De l'organisation de la garde nationale mobile, de son instruction, des peines disciplinaires* (art. 8 à 10); 3° *De la mise en activité* (art. 11 à 12); 4° *Dispositions transitoires relatives au titre I*er (art. 13), et *Dispositions transitoires relatives au titre II* (art. 14 à 17).

DEUXIÈME PARTIE.

COMMENTAIRE DE LA LOI DU 1er FÉVRIER 1868 SUR LE RECRUTEMENT DE L'ARMÉE ET L'ORGANISATION DE LA GARDE NATIONALE MOBILE.

TITRE PREMIER.

Du recrutement de l'armée.

ARTICLE PREMIER.

Les art. 4, 13, 15, 30, 33 et 36 de la loi du 21 mars 1832 sont modifiés ainsi qu'il suit (1) :

Art. 4. Le tableau de la répartition entre les départements du nombre d'hommes à fournir en vertu de la loi annuelle du contingent pour les troupes de terre et de mer sera annexé à ladite loi.

Les premiers numéros sortis au tirage au sort déterminé par l'article suivant formeront le contingent des troupes de mer.

Le mode de cette répartition sera fixé par la même loi.

17. La modification apportée au texte primitif de la loi du 21 mars 1832, consiste dans l'introduction du § 2, qui ne fait que sanctionner un usage qui a toujours été suivi par l'administration. Il résulte de là discussion au Corps législatif et du tableau annexé au rapport de la commission, que l'intention du Gouvernement est de prélever 9,000 hommes sur le contingent pour les affecter à la marine (voy. ci-dessous, n° 23).

Article 13 de la loi du 21 mars 1832, modifié par l'art. 1er de la loi du 1er février 1868.

Seront exemptés et remplacés, dans l'ordre des numéros subséquents, les jeunes gens que leur numéro désignera pour faire

---

(1) Les modifications sont indiquées par des *lettres italiques.*

partie du contingent, et qui se trouveront dans un des cas suivants, savoir :

1° *Ceux qui n'auront pas la taille d'un mètre cinquante-cinq
centimètres;*

2° Ceux que leurs infirmités rendront impropres au service;

3° L'aîné d'orphelins de père et de mère;

4° Le fils unique ou l'aîné des fils, ou, à défaut de fils ou de
gendre, le petit-fils unique ou l'aîné des petits-fils d'une femme
actuellement veuve, ou d'un père aveugle ou entré dans sa soixante-
dixième année.

Dans les cas prévus par les paragraphes ci-dessus, notés 3° et
4°, le frère puîné jouira de l'exemption si le frère aîné est aveugle
ou atteint de toute autre infirmité incurable qui le rende im-
potent;

5° Le plus âgé de deux frères appelés à faire partie du même
tirage et désignés tous deux par le sort, si le plus jeune est reconnu propre au service ;

6° Celui dont un frère sera sous les drapeaux à tout autre titre
que pour remplacement;

7° Celui dont un frère sera mort en activité de service, ou aura
été réformé ou admis à la retraite, pour blessures reçues dans un
service commandé, ou infirmités contractées dans les armées de
terre ou de mer.

*L'exemption accordée conformément, soit au n° 6, soit au n° 7
ci-dessus, ne sera appliquée qu'à un seul frère pour un même cas.
mais elle se répétera dans la même famille, autant de fois quel es
mêmes droits s'y reproduiront.*

*Seront néanmoins comptées en déduction desdites exemptions,
les exemptions déjà accordées aux frères vivants, en vertu des
numéros 1, 3, 4 et 5 du présent article.*

Le jeune homme omis qui ne se sera pas présenté par lui ou
ses ayants cause, pour concourir au tirage de la classe à laquelle
il appartenait, ne pourra réclamer le bénéfice des exemptions
indiquées par les numéros 3, 4, 5, 6 et 7 du présent article, si les
causes de ces exemptions ne sont survenues que postérieurement
à la clôture des listes du contingent de sa classe.

*Les causes d'exemption prévues par les articles 3, 4, 5, 6 et
ci-dessus devront, pour produire leur effet, exister au jour où le
conseil de révision est appelé à statuer.*

*Celles qui surviendront entre la décision du conseil de révision
et le 1ᵉʳ juillet, point de départ de la durée du service de chaque
contingent, ne modifieront pas la position légale des jeunes gens
désignés pour en faire définitivement partie.*

*Néanmoins, l'appelé qui, postérieurement soit à la décision du
conseil de révision, soit au 1ᵉʳ juillet, deviendra l'aîné d'orphelins de père et de mère, le fils unique ou l'aîné des fils, ou, à défaut du fils ou du gendre, le petit-fils unique ou l'aîné des petits-
fils d'une femme veuve ou d'un père aveugle, sera, sur sa demande*

*et pour le temps qu'il a encore à servir, assimilé au militaire de
la réserve, et ne pourra plus être rappelé qu'en temps de guerre.*

18. La modification relative à l'abaissement de la taille réglementaire a été adoptée, à la suite de la prise en considération
d'un amendement présenté par M. de Tillancourt, tendant à la
suppression totale d'un *minimum* de taille (*Moniteur* du 25 décembre 1867). La commission, d'accord avec le Gouvernement, a
proposé d'abaisser la taille réglementaire de 1^m,56 à 1^m,55 (2e rap--
port supplém.), et le Corps législatif a adopté cette proposition.

La taille de 1^m,55 ayant été reconnue suffisante pour le service
militaire, cette modification aura pour résultat d'éviter que l'on
n'exempte, à l'avenir, des hommes bien constitués et capables de
servir, ce qui rendait la charge du contingent plus lourde pour
les autres jeunes gens du canton.

19. Dans l'ancien art. 13, les deux paragraphes qui suivaient
le 7° étaient ainsi conçus : « L'exemption accordée conformément
« aux numéros 6 et 7 ci-dessus sera appliquée dans la même fa-
« mille autant de fois que les mêmes droits s'y reproduiront. —
« *Seront comptées* néanmoins *en déduction* desdites exemptions,
« *les exemptions déjà accordées aux frères vivants, en vertu du*
« *présent article, à tout autre titre que pour infirmité.* »

Ces deux paragraphes ne présentaient aucune difficulté, dans le
cas où les exemptions, déjà accordées aux frères vivants, étaient
celles prévues par les numéros 1, 3, 4 et 5 de l'art. 13. Supposons
qu'un jeune homme eût été exempté en vertu de l'un de ces numéros de l'art. 13, et que l'un de ses frères fût sous les drapeaux,
ou bien encore que l'un de ses frères fût mort en activité de
service ou qu'il eût été réformé ou mis à la retraite pour l'une
des causes indiquées dans le numéro 7 ; on s'accordait à recon-
naître que ce frère ne pouvait conférer l'exemption à un autre
membre de la famille, parce qu'il fallait déduire l'exemption pré-
cédemment accordée, en vertu de l'un des numéros 1, 3, 4 et 5, de
celles qui peuvent être accordées en vertu des numéros 6 et 7.

Tout au contraire, il y avait doute sur l'application de la loi
dans le cas où les exemptions déjà accordées aux frères vivants
étaient celles prévues par les numéros 6 et 7. Pendant long-
temps les conseils de révision avaient pensé que les exemptions
accordées par les numéros 6 et 7 ne pouvaient pas donner lieu
entre elles à la déduction prescrite par l'article 13, sous peine de
violer le principe qu'elles sont appliquées dans la même famille
autant de fois que les mêmes droits s'y reproduisent.

Une décision contraire, émanée en 1841 du conseil de révision
du département du Nord, avait été désapprouvée par le maréchal
Soult, ministre de la guerre. Depuis cette époque, des instructions
ministérielles avaient fait adopter une jurisprudence contraire
par les conseils de révision, qui appliquaient le texte de la loi à
la lettre.

Supposons quatre frères tous propres au service et n'ayant,
dans leur famille, aucune cause d'exemption. Le premier frère
prend un mauvais numéro et part. Pendant qu'il est au service,

2

le deuxième frère tire et est exempté par son premier frère, en vertu du n° 6 de l'article 13. Le premier frère *ayant fini son temps*, le troisième frère prend un mauvais numéro et part. Pendant qu'il est au service, le quatrième tire et prend un mauvais numéro. Suivant le système approuvé par le maréchal Soult, on eût dit que le quatrième frère est exempté par le troisième, et qu'il n'y a pas lieu de se préoccuper de l'exemption conférée au deuxième frère par le premier. On décidait au contraire que, du moment où le premier frère se *trouvait rentré dans ses foyers*, il fallait repousser la prétention du quatrième frère à l'exemption, conférée par la présence du troisième frère sous les drapeaux, par le motif qu'il y avait déjà eu dans la même famille une exemption conférée au deuxième fils par le premier, c'est-à-dire à tout autre titre que pour infirmité.

En appliquant à cette hypothèse le nouveau texte, dû à un amendement présenté par MM. Des Rotours, Lambrecht et Gœrg, nous dirons que, si le quatrième frère ne peut invoquer le droit à l'exemption conférée par le premier frère, puisque ce droit a été épuisé par l'exemption du deuxième frère, il peut invoquer celle qui lui est conférée par le troisième frère. En effet, d'une part, l'exemption se répète dans la même famille autant de fois que les mêmes droits s'y reproduisent. D'autre part, les exemptions accordées aux frères vivants, en vertu des n°s 6 et 7, ne sont plus déduites des exemptions accordées à la même famille. En conséquence, en vertu de la nouvelle disposition et contrairement à ce qui s'est fait jusqu'à ce jour dans l'hypothèse ci-dessus, le quatrième frère sera exempté par le troisième qui se trouve sous les drapeaux, bien que le premier, cause de l'exemption du second, soit rentré dans ses foyers (voy. séances du Corps législatif des 9 et 10 janvier 1868 et 3ᵉ rapport supplémentaire de la commission. — *Moniteur* des 10, 11 et 12 janvier 1868) (1).

20. Les trois derniers paragraphes du nouvel article 13 n'existaient pas dans la loi de 1832.

Aux termes de l'ancien article 30 de cette loi, la durée du service était de sept ans qui comptaient du 1ᵉʳ janvier de l'année où les jeunes gens étaient appelés à tirer au sort. Ainsi les jeunes gens, nés du 1ᵉʳ janvier au 31 décembre 1840 et formant la classe de 1860, devaient servir sept années à partir du 1ᵉʳ janvier 1861.

Liés au service depuis le commencement de l'année, ils ne pouvaient se plaindre de ce que leurs causes d'exemption fussent appréciées d'après leur situation au moment de l'année où le conseil de révision était appelé à statuer sur leur sort.

L'article 30 de la loi de 1832, revisé par la loi de 1868, fait compter la durée du service du 1ᵉʳ juillet de l'année du tirage au sort. Comme les conseils de révision se réunissent avant le 1ᵉʳ juillet, c'est-à-dire à une époque où les jeunes gens de la classe à examiner ne sont pas encore liés au service, il fallait une disposition

____

(1) *Observation* sur le n° 6 de l'art. 13 : Les hommes *de la réserve* confèrent l'exemption à leurs frères (3ᵉ Rapport supplément. de la Commission, *Moniteur* du 11 janvier 1868, p. 52, col. 5).

formelle de la loi pour exiger que les causes d'exemption existassent au jour où le conseil de révision est appelé à statuer.

Cette disposition, qui se trouve dans le nouvel article, se justifie par l'impossibilité où se trouverait le conseil de révision d'apprécier des causes d'exemption qui ne se seraient pas encore produites au moment où il est appelé à statuer.

Le législateur a remédié, *dans une certaine mesure,* au préjudice qui peut en résulter pour les appelés, en faveur desquels *certaines causes d'exemption* pourraient survenir *postérieurement à la décision du conseil de révision,* et il a étendu le bénéfice de cette disposition au cas où ces causes d'exemption n'existeraient qu'après le moment où le jeune soldat est lié au service, c'est-à-dire postérieurement au 1er juillet.

Toutes les causes d'exemption, énoncées en l'article 13, ne donnent pas droit à la disposition dont nous parlons. Pour l'invoquer, il faut que l'appelé soit devenu l'aîné d'orphelins de père et de mère, le fils unique ou l'aîné des fils, ou, à défaut de fils ou de gendre, le petit-fils unique ou l'aîné des petits-fils d'une femme veuve ou d'un père aveugle. Dans ces divers cas d'exemption privilégiés, l'appelé doit être assimilé, s'il le demande, aux militaires qui font partie de la *réserve,* après avoir passé quatre ans sous les drapeaux, et qui ne peuvent être rappelés qu'en temps de guerre (Voy. ci-dessous l'article 30 modifié de la loi de 1832).

Article 15 de la loi du 21 mars 1832, modifié par l'article 1er de la loi du 1er février 1868.

Les opérations du recrutement seront revues, les réclamations auxquelles ces opérations auraient pu donner lieu seront entendues, et les causes d'exemption et de déduction seront jugées, en séance publique, par un conseil de révision composé :

Du préfet, président, ou, à son défaut, *du secrétaire général, ou du conseiller de préfecture délégué par le préfet ;*

D'un conseiller de préfecture ;

D'un membre du conseil général du département ;

D'un membre du conseil d'arrondissement, tous trois à la désignation du préfet ;

D'un officier général ou supérieur désigné *par l'Empereur.*

Un membre de l'intendance militaire assistera aux opérations du conseil de révision ; il sera entendu toutes les fois qu'il le demandera et pourra faire consigner ses observations aux registres des délibérations.

Le conseil de révision se transportera dans les divers cantons ; toutefois, suivant les localités, le préfet pourra réunir dans le même lieu plusieurs cantons pour les opérations du conseil.

Le sous-préfet ou le fonctionnaire par lequel il aurait été suppléé pour les opérations du tirage, assistera aux séances que le conseil de révision tiendra dans l'étendue de son arrondissement.

Il y aura voix consultative.

21. La modification consiste à permettre au préfet de se faire

remplacer, soit par le secrétaire général de la préfecture, soit par un conseiller de préfecture, tandis que, d'après l'ancien article, il ne pouvait se faire remplacer que par un conseiller de préfecture.

D'après le texte de 1832, la désignation de l'officier général ou supérieur était faite par le roi.

Article 30 de la loi du 21 mars 1832.

Modifié par l'art. 1er de la loi du 1er février 1868.

La durée du service pour les jeunes soldats faisant partie des deux portions du contingent mentionnées dans l'article précédent est de cinq ans, à l'expiration desquels ils passent dans la réserve, où ils servent quatre ans, en demeurant affectés, suivant leur service antérieur, soit à l'armée de terre, soit à l'armée de mer.

La durée du service compte du 1er juillet de l'année du tirage au sort.

Les militaires de la réserve ne peuvent être rappelés à l'activité qu'en temps de guerre, par décret de l'Empereur, après épuisement complet des classes précédentes, et par classe, en commençant par la moins ancienne.

Ce rappel pourra être fait d'une manière distincte et indépendante pour la réserve de l'armée de terre et pour celle de l'armée de mer.

Les militaires de la réserve peuvent se marier sans autorisation dans les trois dernières années de leur service dans la réserve. Cette faculté est suspendue par l'effet du décret de rappel à l'activité.

Les hommes mariés de la réserve restent soumis à toutes les obligations du service militaire.

Le 30 juin de chaque année, en temps de paix, les soldats qui auront achevé leur temps de service dans la réserve recevront leur congé définitif.

Ils le recevront, en temps de guerre, immédiatement après l'arrivée au corps du contingent destiné à les remplacer.

Ancien texte.

La durée du service des jeunes soldats appelés sera de sept ans, qui compteront du 1er janvier de l'année où ils auront été inscrits sur les registres matricules des corps de l'armée.

Le 31 décembre de chaque année, en temps de paix, les soldats qui auront achevé leur temps de service recevront leur congé définitif.

Ils le recevront en temps de guerre immédiatement après l'arrivée au corps du contingent destiné à les remplacer.

Lorsqu'il y aura lieu d'accorder des congés illimités, ils seront délivrés, dans chaque corps, aux militaires les plus anciens de service effectif sous les drapeaux, et de préférence à ceux qui les demanderont.

Les hommes laissés ou envoyés en congé pourront être soumis à des revues et à des exercices périodiques qui seront fixés par le ministre de la guerre.

Lorsqu'il y aura lieu d'accorder des congés illimités, ils seront délivrés, dans chaque corps, aux militaires les plus anciens de service effectif sous les drapeaux, et de préférence à ceux qui les demanderont.

Les hommes laissés ou envoyés en congé pourront être soumis à des revues et à des exercices périodiques qui seront fixés par le ministre de la guerre.

22. L'article précédent, dont parle la loi, est l'art. 29 de la loi du 21 mars 1832, ainsi conçu :

« Les jeunes gens définitivement appelés, ou ceux qui ont été « admis à les remplacer, seront immédiatement répartis entre les « corps de l'armée, et inscrits sur les registres matricules des corps « pour lesquels ils seront désignés.

« Néanmoins, ils seront d'après l'ordre de leurs numéros et les « proportions déterminées par les lois annuelles du contingent, « divisés en deux classes, composées, la première de ceux qui de-« vront être mis en activité, et la deuxième de ceux qui seront « laissés dans leurs foyers.

« Les jeunes soldats compris dans la seconde classe ne pour-« ront être mis en activité qu'en vertu d'une ordonnance royale.»

Nous avons expliqué plus haut les art. 29 et 30 de la loi du 21 mars 1832 et fait connaître l'application nouvelle qui en a été faite depuis 1861, époque où le Gouvernement organisa la réserve.

La révision de l'art. 30 de la loi du 21 mars 1832 est sans contredit l'innovation la plus importante de la nouvelle loi.

La durée du service, qui était de sept années, à compter du 1er janvier de l'année du tirage au sort, est de neuf années, à compter du 1er juillet de cette même année. C'est donc une augmentation de deux ans et demi. Il est vrai que sur ces neuf années, cinq seulement se passent sous les drapeaux et quatre dans *la réserve*. Mais comme ces cinq années ne commencent que du 1er juillet, la réduction du service actif n'est que d'un an et demi.

Le but du législateur, en prolongeant la durée du service et en instituant *la réserve*, a été, d'une part, de rendre le service militaire moins onéreux en temps de paix ; d'autre part, d'avoir à la disposition de l'Etat, une réserve composée de militaires aguerris, qu'il peut rappeler sous les drapeaux, en temps de guerre.

Il importait de bien préciser la situation des *militaires* composant *la réserve créée par la nouvelle loi*, afin qu'on ne la confondit pas avec celle des *jeunes soldats* de la deuxième portion du contingent et des *militaires en congé illimité*, ou *renvoyés par anticipation*, qui constituaient autrefois la réserve et que nous appellerons *jeune réserve*, suivant une expression employée lors de la discussion de la loi. C'est ce qu'a fait le législateur dans les paragraphes 3, 4, 5 et 6 du nouvel art. 30 de la loi de 1832.

Aux termes du § 3, « *les militaires de la réserve* ne peuvent

« être rappelés à l'activité *qu'en temps de guerre*, par décret de
« l'Empereur, après épuisement complet des classes précédentes,
« et par classe en commençant par la moins ancienne. »

Pour donner un exemple de l'application de cette disposition,
il faut supposer que la guerre éclate à un moment où les classes
de 1867 à 1870 se trouveront dans la réserve. Or la classe de
1867 se trouvera dans la réserve du 1er juillet 1873 au 1er juillet
1877 ; celle de 1868, du 1er juillet 1874 au 1er juillet 1878 ; celle
de 1869, du 1er juillet 1875 au 1er juillet 1879 ; celle de 1870, du
1er juillet 1876 au 1er juillet 1880.

Plaçons-nous au deuxième semestre de 1876 ou au premier
semestre de 1877 ; les classes de 1867 à 1870 se trouvent dans
la réserve.

A ce moment l'armée active comprend les cinq classes de 1871
à 1875. Elle ne les comprend pas tout entières, s'il existe une
jeune réserve, c'est-à-dire si les deuxièmes portions des contingents n'ont pas été appelées ou s'il y a des militaires renvoyés
par anticipation. Elle les comprend en totalité, si les deuxièmes
portions des contingents ont été appelées, ce qui peut être fait
par décret impérial même en temps de paix, et s'il n'a pas été accordé de congés illimités ou s'ils ont été rapportés, ce qui peut
se faire par simple arrêté ministériel.

Si l'on est *en temps de guerre*, le Gouvernement devra tout d'a-
bord appeler ou rappeler à l'activité la *jeune réserve* des classes
de 1871 à 1875, en supposant qu'elle se trouve encore dans ses
foyers. Le Gouvernement pourra ensuite appeler les quatre classes
antérieures, par classe et en commençant par la moins ancienne.
Il appellera donc successivement les militaires des classes de
1870, 1869, 1868 et 1867.

Que faut-il entendre par ces mots *temps de guerre ?* Supposent-
ils une guerre générale, ou du moins une guerre avec un Etat
assez puissant pour mettre le pays en danger ; ou bien suffit-il
d'une simple expédition, pour donner au Gouvernement le droit
d'appeler la réserve ? La loi ne le dit pas, et il était effectivement
difficile de trouver une définition précise du temps de guerre.
Aussi demandait-on au Corps législatif que la mise en activité ne
pût être ordonnée que par une loi spéciale. Mais l'amendement
n'a pas été pris en considération.

Aux termes du § 1er de l'art. 30 revisé, les militaires de la réserve demeurent affectés, suivant leur service antérieur, soit à
l'armée de terre, soit à l'armée de mer. Or il peut arriver que,
suivant la nature de la guerre, le Gouvernement ait besoin de
renforcer l'armée de terre ou l'armée de mer. Afin de parer à
toutes les éventualités, le § 4 porte que le rappel pourra être fait,
d'une manière distincte et indépendante, pour la réserve de
l'armée de terre et celle de l'armée de mer.

Le § 5 permet aux militaires de la réserve de se marier sans
autorisation dans *les trois dernières années* de leur service dans la
réserve. Le projet du Gouvernement ne leur conférait ce droit que
pendant *les deux dernières années*. La commission demanda que
ce délai fût porté à trois années. Lors de la discussion publique,

le Gouvernement concéda un délai de trente mois. Mais l'amendement de la commission ayant été pris en considération par le Corps législatif, le Gouvernement a admis le délai de trois ans, qui a passé dans la loi (Voy. *Moniteur* du 29 décembre 1867). La faculté de se marier est suspendue par le décret de rappel à l'activité. Le mariage ne dispense d'ailleurs les militaires de la réserve d'aucune de leurs obligations.

23. Les quatre derniers paragraphes de l'art. 30 revisé sont la reproduction textuelle de ceux de l'article primitif, avec cette différence que l'époque de la libération est fixée au 30 juin, au lieu du 31 décembre ; c'est la conséquence de ce que la durée du service compte du 1er juillet au lieu du 1er janvier.

Il faut donc appliquer ce que nous avons dit plus haut (nos 7 et 8) au sujet de la situation de la *jeune réserve*, c'est-à-dire des jeunes soldats des deuxièmes portions des contingents et des militaires envoyés en congés illimités. Ils ne peuvent se marier sans autorisation, et ils peuvent être appelés ou rappelés à l'activité en temps de paix, tant qu'ils ne sont pas entrés dans la *réserve proprement dite*, après cinq années de service.

Mais il ne faut pas perdre de vue que la division des contingents ne doit pas nécessairement être faite en deux portions égales. Jusqu'à présent les contingents de 100,000 hommes se divisaient en deux portions, de 50,000 hommes chacune. Il résulte au contraire des explications fournies par le Gouvernement à la commission et au Corps législatif, ainsi que du rapport de la commission, 1° qu'à l'avenir la première portion du contingent sera environ cinq ou six fois plus forte que la deuxième ; 2° que les militaires de l'armée active ne seront plus renvoyés par anticipation dans leurs foyers.

La cinquième annexe du premier rapport supplémentaire de la commission (*Moniteur* du 17 décembre 1867) nous présente le tableau suivant :

RÉSULTAT DU PROJET DE LOI (1).

Contingent de 100,000 hommes faisant cinq ans d'activité et quatre ans de réserve.

	Hommes.
Soit un contingent de.	100,000
Il faut en déduire :	

Engagés volontaires déjà liés au service. . . 6,372		
Inscrits maritimes. 2,038		
Ecole polytechnique. 57	hommes.	
Instruction publique. 1,200	10,470	
Cultes. 1,070		
Grands prix. 3		
2 pour 100 soutiens de famille.	2,000	
Non fournis par certains cantons.	186	
Pertes (décès, réformes insoumis, etc.).	1,500	
	14,426	14,426
Reste net.		85,574

(1) Pour comprendre ce tableau, il faut faire attention qu'en formant le

Lesquels sont affectés :

A la marine. 9,000
A l'armée de terre. . . . . 76,574 { sous les drapeaux. . . 63,000
{ dans la réserve. . . . 13,574

ARMÉE ACTIVE.

Elle comprendra :

Cinq contingents de 63,000 appelés ou leurs remplaçants. . 279,460
Idem. . . . . . . de 8,260 engagés volontaires. 36,650
Idem. . . . . . de 1,200 devançants d'appel à l'activité
(hommes passant sur leur demande de la réserve dans
l'armée active). 5,320
Ne provenant ni des appels, ni des engagements volontaires. 94,120 (B)
_____
Total de l'armée active. 415,250

RÉSERVE.

Elle comprendra :

Quatre contingents à 57,080 anciens militaires. . . {
51,370 appelés, réduits par les rengagements à. . . 50,500 }
6,750 engagés volontaires, réduits de même à. . . 5,620 } net 247,146
980 devançants d'appel, réduits de même à. . . 920 }

Neuf contingents de 13,574 jeunes gens des deuxièmes portions, net. 112,172
_____
Total de la réserve. 329,318

On aura donc :

Armée active. . . . . 415,250 hommes.
Réserve. 329,318
_____
Total. . . . . 744,568 hommes.

(B) Gendarmes. 20,210
Indigènes. . . . . 9,280 } non compris les
Etrangers. . . . . 4,460 } cadres français.
Vétérans. 560
Cavaliers de manége. 200
Retenus par suite de condamnation, au delà
du temps du service dû. 9,000
Rengagés. 25,000
Officiers de toutes armes. 22,500
_____
Total. 94,120

Il résulte de ce tableau que sur 85,574 hommes, produit net
d'un contingent de 100,000 hommes, il n'en restera que 13,574
dans la *jeune réserve.*

____

total de chacun des éléments de l'armée active et de la réserve, on a tenu
compte des pertes annuelles ; s'il n'en était pas ainsi, tous les résultats seraient
inexacts. Ces pertes annuelles sont calculées à raison de 4 pour 100 dans
l'armée active et de 2 pour 100 dans la réserve (Voir au *Moniteur* du 17 décembre 1867, la première annexe du rapport). Nous avons reproduit le tableau B,
tel qu'il figure au *Moniteur*.

Il en résulte également que l'on ne déduit pas de *l'armée active*, et qu'on ne compte pas dans *la réserve*, les militaires renvoyés par anticipation dans leurs foyers. On a donc l'intention de les maintenir en activité pendant cinq années entières, ce qui est d'ailleurs la conséquence logique de la réduction du service actif.

24. En résumé, le nouveau système produira les résultats suivants : Les cinq sixièmes de la classe seront nécessairement appelés à l'activité et ils resteront sous les drapeaux pendant cinq ans. Le reste sera compris dans la *jeune réserve*, à moins qu'un décret impérial n'ordonne la mise en activité.

Comme cette seconde portion du contingent sera relativement très-faible, il ne sera plus possible, en l'appelant à l'activité, de renvoyer par anticipation un aussi grand nombre de militaires que par le passé (Voir ci-dessus n° 9).

Après cinq années de service dans l'armée active ou dans la *jeune réserve*, tous ces hommes entreront dans la *réserve proprement dite*. Ils y resteront quatre années avec faculté de se marier librement pendant les trois dernières années, et ils ne pourront être rappelés à l'activité que par décret impérial et en temps de guerre.

Nous ferons remarquer, en terminant, que, comme la durée du service compte du 1er juillet de l'année qui suit l'accomplissement de la vingtième année, c'est-à-dire d'une époque où la moyenne de l'âge des appelés est de vingt et un ans, la faculté de se marier librement existera, en moyenne, à l'âge de vingt-sept ans.

Avant la nouvelle loi, la durée du service de sept ans comptait du 1er janvier, c'est-à-dire d'une époque où la moyenne d'âge était de vingt ans et demi. La libre faculté de se marier n'existait donc, en moyenne, qu'à l'âge de vingt-sept ans et demi. Mais il était d'usage d'accorder des permissions de mariage à tous les hommes de la réserve, pendant la dernière année, soit, en moyenne à l'âge de vingt-six ans et demi. Par contre on n'en accordait pas aux militaires qui se trouvaient encore dans l'armée active.

Articles 33 et 36 de la loi du 21 mars 1832.

Modifiés par l'art. 1er de la loi du 1er février 1868.	*Ancien texte.*
Art. 33. La durée de l'engagement volontaire sera de deux ans au moins.	**Art. 33.** La durée de l'engagement volontaire sera de sept ans.
L'engagement volontaire ne donnera lieu à l'exemption prononcée par le numéro 6 de l'article 13 de la présente loi qu'autant qu'il aura été contracté pour une durée de neuf ans.	En cas de guerre, tout Français qui n'appartient à aucun contingent et qui a satisfait à la loi du recrutement pourra être admis à contracter un engagement volontaire de deux ans. Ces engagements ne donneront pas lieu aux exemptions prononcées par les numéros 6 et 7 de l'article 13 de la présente loi.
Dans aucun cas, les engagés volontaires ne pourront être	Dans aucun cas, les engagés volon-

envoyés en congé sans leur consentement.

Art. 36. Les rengagements pourront être reçus même pour deux ans, et ne pourront excéder la durée de cinq ans.

Les rengagements ne pourront être reçus que pendant le cours de la dernière année de service sous les drapeaux, ou de l'année qui précédera l'époque de la libération définitive.

Après cinq ans de service sous les drapeaux, ils donneront droit à une haute paye.

Les autres conditions seront déterminées par des décrets insérés au *Bulletin des lois.*

taires ne pourront être envoyés en congé sans leur consentement.

Art. 36.

Les rengagements pourront être reçus même pour deux ans et ne pourront excéder la durée de cinq ans.

Les rengagements ne pourront être reçus que pendant le cours de la dernière année de service due par le contractant. A l'expiration de cette année, ils donneront droit à une haute paye.

Les autres conditions seront déterminées par les ordonnances du roi insérées au *Bulletin des lois.*

25. Les modifications aux art. 33 et 36 ne sont que la conséquence immédiate de la rédaction du nouvel article 30, et n'ont d'autre but que d'harmoniser les dispositions de la loi ancienne, au principe desquelles rien n'est innové, avec les dispositions nouvelles de cet article (premier rapport supplémentaire de la commission, *Moniteur* du 17 décembre 1867).

ART. 2 de la loi du 1er février 1868.

Les titres II, III et V de la loi du 26 avril 1855, relative à la dotation de l'armée, et les lois des 24 juillet 1860 et 4 juin 1864, sont abrogés.

Les substitutions d'hommes sur la liste cantonale et le remplacement sont autorisés conformément aux articles 17, 18, 19, 20, 21, 22, 23, 24, 28 et 29 de la loi du 21 mars 1832, lesquels sont remis en vigueur.

Est également remis en vigueur le titre III de la même loi, sauf les modifications apportées aux articles 33 et 36 par l'article 1er de la présente loi.

26. Nous avons exposé sommairement le système introduit par la loi du 26 avril 1855, relative à la dotation de l'armée, et complété par celle du 24 juillet 1860 (Voy. n° 5).

Ce système présentait deux vices essentiels. Premièrement, l'Etat ne pouvait compter sur le nombre d'hommes fixé par la loi du contingent. On avait beau élever, en temps de guerre, et abaisser, en temps de paix, d'une part, le prix de l'éxonération, d'autre part, le taux des primes offertes aux rengagés et aux remplaçants administratifs, il y avait pénurie d'hommes, quand il en fallait, et surabondance, quand ils étaient inutiles.

En second lieu. en offrant des primes aux anciens militaires, pour les maintenir sous les drapeaux, on avait, non-seulement de vieux soldats, mais encore de vieux sous-officiers et de vieux caporaux, dont la présence entravait l'avancement du soldat, ce qui détournait de l'armée un grand nombre de jeunes gens, qui eussent été tentés d'embrasser la carrière militaire.

Ces raisons avaient décidé le Gouvernement à restreindre, dans le projet de loi primitif, le système de l'exonération et à rétablir dans une certaine mesure celui de la loi du 21 mars 1832 (Voy. n°s 10 et 11). La commission du Corps législatif a fait adopter au Conseil d'État une disposition, qui supprime radicalement l'exonération et rétablit purement et simplement le système de la loi de 1832 (Voy. n°s 12 et 13). On remarquera que les titres I et IV de la loi du 26 avril 1855 ne sont pas compris dans l'abrogation prononcée par l'article 2. Mais les dispositions maintenues sont désormais étrangères au recrutement de l'armée. Celles du titre I sont relatives à la constitution de la dotation de l'armée, dont la liquidation pourra être l'objet d'une loi spéciale, mais qui ne fera plus d'opérations, *sauf la disposition transitoire que nous verrons plus loin.* Le titre IV avait pour objet d'améliorer le régime des pensions militaires, aux frais de la caisse de dotation. Ces dispositions continueront à avoir leur effet.

27. La loi du 4 juin 1864, comprise parmi les lois actuellement abrogées, s'est occupée des droits de l'appelé dont le frère accomplit, dans les conditions de la loi du 26 mars 1855, un rengagement volontaire de sept ans, ou un engagement volontaire après libération de même durée.

Avant cette loi, les instructions du ministre de la guerre aux conseils de révision portaient que cet appelé avait droit à l'exemption de l'art. 13-6° de la loi du 21 mars 1832.

On objectait à ces instructions, que le rengagé ou l'engagé qui touche une prime, devait être considéré comme remplaçant et ne pouvait conférer l'exemption à son frère, au préjudice d'un autre jeune homme du canton.

La loi du 4 juin 1864 avait concilié les droits du frère du rengagé ou de l'engagé, avec ceux des autres jeunes gens participant au tirage, en décidant que ce frère serait dispensé et compté numériquement dans le contingent à former.

Il n'en était ainsi qu'autant qu'il s'agissait d'un premier engagement ou rengagement, par la raison que les engagements ou rengagements ultérieurs ne donnaient droit à aucune prime, ce qui excluait la possibilité de les assimiler à un remplacement. Dans ce cas, le frère du militaire était exempté conformément à l'art. 13 de la loi du 21 mars 1832 (1).

On a pensé, lors de la rédaction de la nouvelle loi, que la suppression des engagements et rengagements contractés avec primes entraînait l'abrogation immédiate de la loi du 4 juin 1864. On a oublié qu'il existerait, pendant plusieurs années encore, des militaires liés au service dans ces conditions et dont les frères seraient appelés au service.

---

(1) Voy. la loi du 4 juin 1864 au *Journal des Communes,* 1864, p. 279.

Désormais il est certain que ces appelés ne pourront plus être *déduits*. Seront-ils exemptés? Si les conseils de révision observent les instructions du ministre de la guerre antérieures à 1864, ces jeunes gens seront exemptés et remplacés dans l'ordre des numéros subséquents, conformément à l'art. 13 de la loi de 1832. Si au contraire les conseils de révision jugent que l'art. 13-6° de la loi du 21 mars 1832 a refusé l'exemption au frère du remplaçant par le seul motif que le remplaçant a touché le prix de son service, ils refuseront, par ce même motif, l'exemption au frère du militaire qui a touché une prime d'engagement ou de rengagement.

Le nombre des déductions opérées en vertu de la loi du 4 juin 1864 s'est trouvé de 1096 sur la classe de 1864 et de 403 seulement sur la classe de 1865 (*Compte rendu sur le recrutement de l'armée pendant l'année 1866, tableau C*).

28. Voici le texte des articles de la loi du 21 mars 1832 remis en vigueur par l'art. 2 de la loi du 1er février 1832.

Art. 17. Le conseil de révision statuera également sur les substitutions de numéros et les demandes de remplacement.

Art. 18. Les substitutions de numéros sur la liste cantonale pourront avoir lieu, si celui qui se présente à la place de l'appelé est reconnu propre au service par le conseil de révision.

Art. 19. Les jeunes gens compris définitivement dans le contingent cantonal pourront se faire remplacer.

Le remplacement ne pourra avoir lieu qu'aux conditions suivantes :

Le remplaçant devra,

1° Etre libre de tout service et obligations imposés soit par la présente loi, soit par celle du 25 octobre 1795, sur l'inscription maritime ;

2° Etre âgé de vingt à trente ans au plus, ou de vingt à trente-cinq, s'il a été militaire, ou de dix-huit à trente s'il est frère du remplacé ;

3° N'être ni marié ni veuf avec enfants ;

4° Avoir au moins la taille d'un mètre cinquante-six centimètres. s'il n'a pas déjà servi dans l'armée, et réunir les autres qualités requises pour faire un bon service;

5° N'avoir pas été réformé du service militaire :

6° Suivant sa position, être porteur des certificats spécifiés dans les articles 20 et 21 ci-après.

Art. 20. Le remplaçant produira un certificat délivré par le maire de la commune de son dernier domicile. Si le remplaçant ne compte pas au moins une année de séjour dans cette commune, il sera tenu d'en produire également un autre du maire de la commune ou des maires des communes où il aura été domicilié pendant le cours de cette année.

Les certificats devront contenir le signalement du remplaçant, et attester,

1° La durée du temps pendant lequel il a été domicilié dans la commune ;

2° Qu'il jouit de ses droits civils ;

3° Qu'il n'a jamais été condamné à une peine correctionnelle, pour vol, escroquerie, abus de confiance, ou attentat aux mœurs.

Dans le cas où le maire de la commune ne connaîtrait pas l'individu qui ferait la demande de ce certificat, il devra en constater légalement l'identité, et recueillir les preuves et témoignages qu'il jugera convenables pour arriver à la connaissance de la vérité.

Art. 21. Si le remplaçant a été militaire, outre le certificat du maire, il devra produire un certificat de bonne conduite du corps dans lequel il aura servi.

Art. 22. Le remplaçant sera admis par le conseil de révision du département dans lequel le remplacé a concouru au tirage.

Art. 23. Le remplacé sera, pour le cas de désertion, responsable de son remplaçant pendant un an, à compter du jour de l'acte passé devant le préfet. Il sera libéré si le remplaçant meurt sous les drapeaux, ou si, en cas de désertion, il est arrêté pendant l'année.

Art. 24. Les actes de substitution et de remplacement seront reçus par le préfet, dans les formes prescrites pour les actes administratifs.

Les stipulations particulières qui pourraient avoir lieu entre les contractants, à l'occasion des substitutions et remplacements, seront soumises aux mêmes règles et formalités que tout autre contrat civil.

Art. 28. Après que le conseil de révision aura statué sur les exemptions, déductions, substitutions, remplacements ainsi que sur toutes les réclamations auxquelles les opérations du recrutement auront pu donner lieu, la liste du contingent de chaque canton sera définitivement arrêtée et signée par le conseil de révision, et les noms inscrits seront proclamés.

Les jeunes gens qui, aux termes des articles 26 et 27, sont appelés les uns à défaut des autres, ne seront inscrits sur la liste du contingent que conditionnellement, et sous la réserve de leurs droits.

Le conseil déclarera ensuite que les jeunes gens qui ne sont pas inscrits sur cette liste seront définitivement libérés. Cette déclaration, avec l'indication du dernier numéro compris dans le contingent cantonal, sera publiée et affichée dans chaque commune du canton.

Dès que les délais accordés en vertu de l'article 27 seront expirés, ou que les tribunaux auront statué en exécution des articles 26 et 44, le conseil prononcera de la même manière la libération des réclamants ou des jeunes gens conditionnellement désignés pour les suppléer.

Le conseil de révision ne pourra statuer ultérieurement sur les jeunes gens portés sur les listes du contingent que pour les demandes de substitution et de remplacement.

La réunion de toutes les listes du contingent de chaque canton d'un même département formera la liste du contingent départemental (Voyez l'article 29, ci-dessus, n° 23).

TITRE III DE LA LOI DU 24 MARS 1832. — *Des engagements et des rengagements.*

SECTION Iʳᵉ. — *Des engagements.*

Art. 31. Il n'y aura dans les troupes françaises ni prime en argent, ni prix quelconque d'engagement.

Art. 32. Tout Français sera reçu à contracter un engagement volontaire aux conditions suivantes : — L'engagé volontaire devra : — 1° S'il entre dans l'armée de mer, avoir seize ans accomplis, sans être tenu d'avoir la taille prescrite par la loi, mais sous la condition qu'à l'âge de dix-huit ans il ne pourra être reçu s'il n'a pas cette taille ; — 2° S'il entre dans l'armée de terre, avoir dix-huit ans accomplis et au moins la taille d'un mètre cinquante-six centimètres ; — 3° Jouir de ses droits civils ; — 4° N'être ni marié, ni veuf avec enfants ; — 5° Etre porteur d'un certificat de bonnes vie et mœurs délivré dans les formes prescrites par l'article 20, et s'il a moins de vingt ans, justifier du consentement de ses père, mère ou tuteur — Ce dernier devra être autorisé par une délibération du conseil de famille. — Les conditions relatives, soit à l'aptitude militaire, soit à l'admissibilité dans les différents corps de l'armée, seront déterminées par des ordonnances du Roi insérées au *Bulletin des lois*.

Art. 34. Les engagements volontaires seront contractés dans les formes prescrites par les articles 34, 35, 36, 37, 38, 39, 40, 42 et 44 du Code civil, devant les maires des chefs-lieux de canton. — Les conditions relatives à la durée des engagements seront insérées dans l'acte même. — Les autres conditions seront lues aux contractants avant la signature, et mention en sera faite à la fin de l'acte ; le tout sous peine de nullité.

Art. 35. L'état sommaire des engagements volontaires de l'année précédente sera communiqué aux chambres, lors de la présentation de la loi du contingent annuel.

SECTION II. — *Des rengagements.*

Art. 37. Les rengagements seront contractés devant les intendants ou sous-intendants militaires, dans les formes prescrites par l'article 34, sur la preuve que le contractant peut rester ou être admis dans le corps pour lequel il se présente.

Nous avons fait connaître sommairement (n° 2) le système du remplacement et de la substitution de numéros. Nous croyons inutile d'insister sur des dispositions généralement connues.

Nous ferons remarquer sur l'art. 32, que la loi du 10 juillet 1846 qui autorise les engagements volontaires à l'âge de dix-sept ans, reste en vigueur.

TITRE II DE LA LOI DU 1er FÉVRIER 1868.

DE LA GARDE NATIONALE MOBILE.

SECTION PREMIÈRE.

De sa composition. — De son objet. — De la durée du service.

Article 3.

Une garde nationale mobile sera constituée à l'effet de concourir, comme auxiliaire de l'armée active, à la défense des places fortes, des côtes et frontières de l'Empire, et au maintien de l'ordre dans l'intérieur.

Elle ne peut être appelée à l'activité que par une loi spéciale.

Toutefois, les bataillons qui la composent peuvent être réunis au chef-lieu ou sur un point quelconque de leur département, par un décret de l'Empereur, dans les vingt jours précédant la présentation de la loi de mise en activité.

Dans ce cas, le ministre de la guerre pourvoit au logement et à la nourriture des officiers, sous-officiers, caporaux et soldats.

29. La nécessité d'une garde nationale mobile, destinée, au jour d'une grande lutte, à défendre les places fortes, les côtes et frontières du pays, de manière à donner à l'armée active sa disponibilité complète, a été reconnue par la loi du 22 mars 1831 et par celle du 13 juin 1851, qui ont réorganisé la garde nationale sédentaire (1).

Le titre VI de la loi du 22 mars 1831, intitulé *des corps détachés de la garde nationale pour le service de guerre*, conférait au

---

(1) La garde nationale mobile, créée par un décret du Gouvernement provisoire du 25 février 1848, et dissoute par la loi du 27 décembre 1849, se composait exclusivement d'engagés volontaires, astreints à un service permanent et recevant une solde journalière. Elle ne ressemblait en rien à la garde nationale mobile actuelle.

pouvoir législatif et même au roi, pendant l'absence des chambres, le droit de former des corps détachés destinés à servir d'auxiliaires à l'armée active.

Ils devaient être composés : 1° des gardes nationaux qui se présenteraient volontairement ; 2° des jeunes gens de dix-huit à vingt ans qui se présenteraient volontairement; 3° des gardes nationaux désignés dans l'ordre suivant : 1re *classe*, célibataires ; 2e *classe*, veufs sans enfants ; 3e *classe*, mariés sans enfants ; 4e *classe*, mariés avec enfants. Les gardes nationaux de la première classe pouvaient être pris à partir de l'âge de vingt ans jusqu'à celui de trente-cinq ; ceux des trois autres classes, à partir du même âge jusqu'à trente ans. Ajoutons que le service de guerre des corps détachés ne pouvait pas durer plus d'un an et que le remplacement était autorisé.

Ce titre VI de la loi du 22 mars 1831 n'a pas été abrogé par la loi du 13 juin 1851, ni par le décret du 11 janvier 1852 sur la garde nationale. Il a eu une existence légale jusqu'à la loi du 1er février 1868, mais il n'en a été fait aucune application pendant cette période de trente-sept ans. Lors de la guerre d'Italie, le Gouvernement avait eu l'intention de mobiliser la garde nationale, mais il avait reculé devant la difficulté de constituer les corps mobilisés, en nombre suffisant, avec la célérité nécessaire. Cette difficulté provenait surtout de ce que, depuis le décret du 11 janvier 1852, la garde nationale sédentaire, destinée, d'après la loi de 1831, à former les principaux éléments de la garde nationale mobile, n'existe plus que dans les localités où le Gouvernement a jugé nécessaire de la réorganiser.

La garde nationale mobile, instituée par la loi du 1er février 1868, loin d'être tirée de la garde nationale sédentaire, se compose au contraire de jeunes gens qui, à raison de leur âge, ne peuvent pas encore faire partie de la garde nationale sédentaire, où l'on n'entre actuellement qu'à vingt-cinq ans. En temps ordinaire, elle ne fait pas un véritable service, en ce sens qu'elle n'est pas appelée à défendre l'ordre public; elle n'est soumise qu'à des réunions, des revues et des exercices destinés à la rendre propre à servir en temps de guerre. Du moment où son service véritable commence, en conséquence de la mise en activité, elle est soumise aux mêmes obligations que l'armée, à cela près qu'elle ne peut être tenue de franchir la frontière. Dans ces conditions, on peut dire qu'elle est moins une garde nationale mobile qu'une *réserve* d'une nature particulière, soumise à des obligations moins onéreuses que la *réserve proprement dite* de la nouvelle loi, de même que celle-ci a des obligations moins lourdes que la *jeune réserve* organisée en 1861.

30. Le texte de l'art. 3 est assez clair pour que nous nous contentions d'y renvoyer.

Art. 4 de la loi du 1er février 1868.

La garde nationale mobile se compose :

1° Des jeunes gens des classes des années 1867 et suivantes, qui n'ont pas été compris dans le contingent, en raison de leur numéro de tirage ;

2° De ceux des mêmes classes auxquels il a été fait application des cas d'exemption prévus par les n°s 3, 4, 5, 6 et 7 de l'art. 13 de la loi du 21 mars 1832 ;

3° De ceux des mêmes classes qui se seront fait remplacer dans l'armée.

Peuvent également être admis dans la garde nationale mobile ceux qui, libérés du service militaire ou de la garde nationale mobile, demandent à en faire partie.

Les substitutions sont autorisées dans la famille jusqu'au sixième degré inclusivement ; le substitué doit être âgé de moins de quarante ans et remplir les autres conditions prévues par la loi de 1832.

Les conseils de révision exemptent du service de la garde nationale mobile les jeunes gens compris sous les §§ 1 et 2 de l'art. 13 de la loi de 1832.

Les conseils de révision dispensent du service dans la garde nationale mobile :

1° Ceux auxquels leurs fonctions confèrent le droit de requérir la force publique ;

2° Les ouvriers des établissements de la marine impériale et ceux des arsenaux et manufactures d'armes de l'Etat dont les services ouvrent des droits à la pension de retraite ;

3° Les préposés du service actif des douanes et des contributions indirectes ;

4° Les facteurs de la poste aux lettres ;

5° Les mécaniciens de locomotives sur les chemins de fer.

Les conseils de révision dispensent également les jeunes gens se trouvant dans l'un des cas de dispenses prévues par l'art. 14 de la loi de 1832, par l'art. 79 de la loi du 15 mars 1850 et par l'art. 18 de la loi du 10 avril 1867, les jeunes gens qui auront contracté, avant le tirage au sort, l'engagement de rester dix ans dans l'enseignement primaire, et qui seront attachés, soit en qualité d'instituteur ou en qualité d'instituteur-adjoint, à une école libre existant depuis au moins deux ans, ayant au moins trente élèves.

La dispense ne peut s'appliquer aux instituteurs et aux instituteurs-adjoints d'une même école que dans la proportion d'un par chaque fraction de trente élèves.

Les conseils de révision dispenseront également, à titre de soutiens de famille et jusqu'à concurrence de dix pour cent, ceux qui auront le plus de titres à la dispense.

Sont exclus de la garde nationale les individus désignés aux n°s 1 et 2 de l'art. 2 de la loi du 21 mars 1832.

31. Les articles qui composaient le titre II du projet adopté par le Conseil d'État et la commission, au mois de décembre 1867, ont été remaniés à partir de l'art. 4. Ainsi, la série des numéros a été modifiée à partir de l'art. 6 (1), les art. 4, 6, 7, 9, 14 et 16 sont le résultat d'amendements apportés au projet de décembre 1867 ; les art. 12 et 13 sont entièrement nouveaux.

Nous donnons ces indications afin de faciliter au lecteur l'étude de la discussion publique et des divers rapports de la commission (voy. ci-dessus, n°s 13 et 14).

32. Le conseil de révision chargé, par l'art. 15 de la loi du 21 mars 1832, de revoir les opérations du recrutement de l'armée, est également chargé de former la liste des jeunes gens de la *classe appelée*, qui doivent faire partie de la garde nationale mobile.

Ce sont : 1° ceux qui ne sont pas compris dans le contingent de l'armée en raison de leur numéro de tirage ;

2° Ceux qui sont exemptés dans les cas prévus par l'art. 13 de la loi du 21 mars 1832, sauf ceux qui n'ont pas la taille de 1^m,55 et ceux que leurs infirmités rendent impropres au service ;

3° Ceux qui se font remplacer dans l'armée.

Le projet ne comprenait pas dans la garde nationale mobile ceux qui se font remplacer dans l'armée. Cette disposition a été modifiée en même temps que l'on a supprimé en principe le remplacement dans la garde nationale mobile (voir ci–dessous, n°s 33 et 45, troisième rapport supplémentaire de la commission, *Moniteur* du 10 janvier 1868, séance du 10 janvier au *Moniteur* du lendemain). Les jeunes gens qui se sont fait *substituer dans l'armée* sont évidemment compris dans la garde nationale mobile (Voyez l'art. 18 de la loi du 21 mars 1832, sous l'art. 2 de la loi du 1er février 1868.)

33. L'article 6 du projet permettait aux jeunes gens de la garde nationale mobile de se faire *remplacer*. L'art. 7 de la loi qui correspond à cet article du projet, ne permet le *remplacement* qu'à certaines *catégories* de jeunes gens *et au moment de l'appel à l'activité*. Mais indépendamment de cette disposition que nous commenterons plus loin, l'art. 4, § 6, autorise *les substitutions dans la famille jusqu'au sixième degré*. Nous croyons qu'il faut admettre *les alliés*, aussi bien que *les parents*, à substituer dans la garde nationale mobile. Dans la langue du droit, le mot *famille* comprend *les alliés*, puisqu'elle les appelle au *conseil de famille*. La commission a d'ailleurs déclaré que l'art. 4 donnait pleinement satisfaction à un amendement qui permettait la substitution *entre alliés* (*Moniteur* du 12 janvier, p. 64, colonne 1).

---

(1) Voici la concordance entre les articles de la loi de 1868 et ceux du projet de décembre 1867. Le premier chiffre se réfère à la loi, le second au projet — 3,3. — 4,4. — 5,5. — 6 et 7, 6. — 8,7. — 9.8. — 10,9. — 11,10. — 12 et 13 *entièrement nouveaux.* — 14,11. — 15,12. — 16,13. — 17, 14.

La substitution peut avoir lieu au moment de l'appel annuel, et il y est statué par le conseil de révision conformément à l'art. 17 de la loi de 1832 (Voyez ce texte sous l'art. 2 de la présente loi).

La loi n'impose pas au substitué l'obligation de répondre du substituant.

34. Au moment de l'appel annuel, les conseils de révision exemptent de la garde nationale mobile les jeunes gens compris sous les §§ 1 et 2 de la loi de 1832, c'est-à-dire ceux qui n'ont pas la taille de 1 mètre 55, et ceux que leurs infirmités rendent impropres au service.

35. Les conseils de révision dispensent du service de la garde nationale mobile :

1° *Ceux auxquels leurs fonctions confèrent le droit de requérir la force publique.* Les fonctionnaires civils qui ont ce droit sont, aux termes des art. 9 et 25 du Code d'instruction criminelle, et 164 du Code forestier : les gardes champêtres et forestiers, les autres agents de l'administration des forêts, les commissaires de police, les maires et les adjoints de maire, les procureurs impériaux et leurs substituts, les juges d'instruction. Les préfets et les sous-préfets ont également le droit de requérir la force publique.

2° *Les ouvriers des établissements de la marine impériale et ceux des arsenaux et manufactures d'armes de l'Etat dont les services ouvrent des droits à la pension de retraite ;*

3° *Les préposés du service actif des douanes et des contributions indirectes.* Un tableau annexé à la loi du 9 juin 1853, *sur les pensions civiles,* a classé dans le service actif les employés ci-après dénommés :

Douanes. Capitaines, lieutenants d'embarcation, lieutenants, brigadiers, sous-brigadiers, cavaliers et préposés d'ordonnance, préposés, patrons et sous-patrons, matelots, mousses, préposés gardes-magasins, préposés concierges, préposés emballeurs, préposés peseurs et plombeurs.

Contributions indirectes. Inspecteurs, sous-inspecteurs, contrôleurs de ville, contrôleurs receveurs, receveurs ambulants, commis adjoints, commis aux exercices, commis adjoints et commis de la navigation, contrôleurs, sous-contrôleurs et commis aux exercices de la garantie, inspecteurs, sous-inspecteurs, contrôleurs et commis à la culture des tabacs, préposés en chef des octrois.

4° *Les facteurs de la poste aux lettres ;*

5° *Les mécaniciens de locomotives sur les chemins de fer.*

36. Les conseils de révision dispensent également les jeunes gens qui se trouvent dans l'un des cas de dispense prévus par l'art. 14 de la loi de 1832.

Art. 14. Seront considérés comme ayant satisfait à l'appel et comptés numériquement en déduction du contingent à former, les jeunes gens désignés par leur numéro pour faire partie dudit contingent qui se trouveront dans l'un des cas suivants : — 1° Ceux qui seraient déjà liés au service, dans les armées de terre et de mer, en vertu d'un engagement volontaire, d'un brevet ou d'une commission, sous la condition qu'ils seront, dans tous les cas, tenus d'accomplir le temps prescrit par la présente loi ; — 2° Les jeunes marins portés sur les registres matricules de l'inscription maritime, conformément aux règles prescrites par les art. 1, 2, 3, 4 et 5 de la loi du 25 octobre 1795 (3 brumaire an IV), et les charpentiers de navire, perceurs, voiliers et calfats immatriculés, conformément à l'art. 44 de ladite loi (1) ; — 3° Les élèves de l'Ecole polytechnique, à condition qu'ils passeront, soit dans ladite école, soit dans les services publics, un temps égal à celui fixé par la présente loi pour le service militaire ; — 4° Ceux qui, étant membres de l'instruction publique, auraient contracté, avant l'époque déterminée pour le tirage au sort, et devant le conseil de l'Université, l'engagement de se vouer à la carrière de l'enseignement : — La même disposition est applicable aux élèves de l'Ecole normale centrale de Paris, à ceux de l'Ecole dite *de jeunes de langue*, et aux professeurs des institutions royales des sourds-muets ; — 5° Les élèves des grands séminaires, régulièrement autorisés à continuer leurs études ecclésiastiques ; les jeunes gens autorisés à continuer leurs études pour se vouer au ministère dans les autres cultes salariés par l'Etat, sous la condition pour les premiers, que, s'ils ne sont pas entrés dans les ordres majeurs à vingt-cinq ans accomplis, et pour les seconds, que s'ils n'ont pas reçu la consécration dans l'année qui suivra celle où ils auraient pu la recevoir, ils seront tenus d'accomplir le temps de service prescrit par la présente loi ; — 6° Les jeunes gens qui auront remporté les grands prix de l'Institut ou de l'Université.

37. Les conseils de révision doivent de même dispenser les jeunes gens qui se trouvent dans l'un des cas de dispense prévus par l'art. 79 de la loi du 15 mars 1850 *sur l'enseignement*, et l'art. 18 de la loi du 10 avril 1867 *sur l'enseignement primaire*.

Ces deux articles ont eu pour objet d'appliquer et de développer le principe posé par le n° 4 de l'art. 14 de la loi de 1832.

Art. 79 de la loi du 15 mars 1850.

Les instituteurs adjoints des écoles publiques, les jeunes gens qui se préparent à l'enseignement primaire public dans les écoles désignées à cet effet, les membres ou novices des associations religieuses vouées à l'enseignement et autorisées par la loi, ou reconnues comme établissements d'utilité publique, les élèves de l'Ecole normale supérieure, les maîtres d'étude, régents et professeurs des collèges et lycées, sont dispensés du service militaire, s'ils ont, avant l'époque fixée pour le tirage, contracté, devant le recteur, l'engagement de se vouer, pendant dix ans, à l'enseignement public, et s'ils réalisent cet engagement.

Art. 18 de la loi du 10 avril 1867.

L'engagement de se vouer pendant dix ans à l'enseignement public, prévu par l'art. 79 de la même loi (du 15 mars 1850), peut être réalisé, tant par les instituteurs que par leurs adjoints, dans celles des écoles mentionnées à l'article précédent (les écoles libres tenant lieu d'écoles publiques ou qui reçoivent une subvention de la commune, du département ou de l'Etat) qui sont désignées à cet effet par le ministre de l'instruction publique, après avis du conseil départemental. — L'engagement décennal peut être contracté, avant le tirage, par les instituteurs adjoints des écoles désignées ainsi qu'il vient d'être dit.

La dispense, qui avait été établie pour le service militaire, est étendue au service de la garde nationale mobile.

38. Dans la crainte d'entraver l'enseignement privé, la loi nouvelle a dispensé du service de la garde nationale mobile (mais

---

(1) En vertu de la loi du 4 juin 1864, les charpentiers des navires, les perceurs, les voiliers et les calfats ne sont plus compris dans l'inscription maritime, et le § 2 de l'art. 44 de la loi de 1832 ne leur est plus applicable. En conséquence, ils doivent faire partie soit de l'armée, soit de la garde nationale mobile.

non pas du service militaire) les jeunes gens qui auront contracté, *avant le tirage* au sort, l'engagement de rester dix ans dans l'enseignement primaire et qui seront attachés, soit en qualité d'instituteurs ou en qualité d'instituteurs-adjoints à une école *libre existant depuis au moins deux ans, ayant au moins trente élèves.* La dispense ne peut s'appliquer aux instituteurs et aux instituteurs-adjoints d'une même école que dans la proportion *d'une par chaque fraction de trente élèves.*

39. La loi confère au conseil de révision le droit de prononcer ces dispenses, ce qui suppose qu'elles existent au moment où la classe est appelée. Mais ce serait aller contre le but évident de la loi, que de refuser la dispense de service au garde national mobile, qui se trouve, pendant la durée du service, dans l'un des cas de dispense de service ci-dessus prévus. Nous pensons que la demande de dispense devra être adressée à l'autorité militaire et qu'il y sera statué par le ministre de la guerre, sauf recours au Conseil d'Etat.

Le service est dû si la cause de dispense vient à cesser. (Circulaire du ministre de la guerre du 12 février 1868). L'immatriculation aura lieu en vertu d'une décision de l'autorité militaire, sauf recours au ministre de la guerre et au Conseil d'Etat. Mais la loi n'impose dans ce cas aucune déclaration au dispensé ; on ne pourrait donc, faute par lui d'avoir déclaré que la cause de dispense a cessé, retarder sa libération, au delà du temps de service imposé par la loi à la classe dont il fait partie.

40. L'avant-dernier § de l'art. 4 ne confère pas une simple faculté au conseil de révision. Il lui impose l'obligation de dispenser dix pour cent des jeunes gens à titre de soutiens de famille. D'après la circulaire du 12 février 1868, le jeune homme qui cesse d'être soutien de famille doit être immatriculé. Il faut appliquer ce que nous avons dit au numéro précédent.

41. Les jeunes gens exclus par le § dernier sont : 1° les individus qui ont été condamnés à une peine afflictive ou infamante; 2° ceux qui ont été condamnés à une peine correctionnelle de deux ans d'emprisonnement et au-dessus, et qui en outre ont été placés, par le jugement, sous la surveillance de la haute police, et interdits des droits civiques, civils et de famille.

ARTICLE 5.

La durée du service dans la garde nationale mobile est de cinq ans. Elle compte du 1er juillet de l'année du tirage au sort.

42. En vertu de cet article, les jeunes gens, nés depuis le 1er janvier 1847 jusqu'au 31 décembre de la même année et qui constituent la classe de 1867, serviront cinq ans, à partir du 1er juillet 1868.

ARTICLE 6.

Les jeunes gens de la garde nationale mobile continuent à jouir de tous les droits du citoyen ; ils peuvent contracter mariage

sans autorisation, à quelque période que ce soit de leur service ;
ils peuvent librement changer de domicile ou de résidence ; ils
peuvent voyager en France ou à l'étranger, sans que le manquement aux exercices ou aux réunions résultant de cette absence
puisse devenir contre eux le motif d'une poursuite.

Tout garde national mobile peut être admis comme remplaçant,
dans l'armée active ou dans la réserve, s'il remplit les conditions
des art. 19, 20 et 21 de la loi du 21 mars 1832. Dans ce cas, le
remplacé est tenu de s'habiller et de s'équiper à ses frais comme
garde national mobile.

43. Le § 1er de cet article a pour but de déterminer d'une manière moins vague que ne le faisait le projet, la situation des
gardes nationaux mobiles. Le droit de voyager librement en
France ou à l'étranger, celui de changer de domicile ou de résidence sont garantis d'une manière absolue.

Le § 2 permet d'admettre un garde national mobile comme
remplaçant militaire, s'il remplit les conditions des art. 19, 20 et
21 de la loi du 21 mars 1832. (Voyez ces articles au commentaire
de l'art. 2 de la loi du 1er février 1868). La loi dit que, dans ce cas,
le remplacé est tenu de s'habiller et de s'équiper à ses frais,
comme garde national mobile, ce qui prouve qu'en principe l'habillement et l'équipement sont à la charge de l'Etat.

ARTICLE 7.

En cas d'appel à l'activité ou de réunion des bataillons de la
garde nationale mobile, conformément à l'art. 3 de la présente
loi, le conseil de révision, réuni au chef-lieu du département ou
d'arrondissement, dispensera du service d'activité, à titre de soutiens de famille, et jusqu'à concurrence de 4 0/0, ceux qui auront
le plus de titres à cette dispense.

Pourront se faire remplacer par un Français, âgé de moins de
quarante ans et remplissant les autres conditions exigées par les
articles 19, 20 et 21 de la loi du 21 mars 1832, ceux qui se trouvent dans l'un des cas d'exemption prévus par les nos 3, 4, 5, 6
et 7 de l'art. 13 de ladite loi.

Le conseil de révision statuera sur les demandes de remplacement et sur l'admission des remplaçants.

44. Il résulte de cet article que le conseil de révision, formé de
la manière prescrite par l'art. 15 de la loi de 1832, devra se réunir en cas d'appel à l'activité, ou de réunion des bataillons ordonnée par décret impérial, conformément à l'art. 3 de la loi.

Il examinera quels sont les gardes nationaux mobiles qui auront
le plus de titres à être dispensés à titre *soutiens de famille* et il
sera tenu d'en dispenser quatre pour cent.

Nous rappelons qu'aux termes de l'art. 4 de la loi, le conseil de révision aura déjà dispensé, au même titre, dix pour cent du contingent annuel.

45. L'art. 6 du projet de loi soumis à la discussion admettait *tous les gardes nationaux mobiles* à se faire remplacer *au moment de la formation du contingent annuel.* Le Corps législatif ayant pris en considération un amendement de M. Javal, qui supprimait le remplacement (séance du 2 janvier 1868), la commission proposa, d'accord avec le Gouvernement, de permettre le remplacement *au moment de l'appel à l'activité ou de la réunion des bataillons* qui précède la mise en activité, au profit :

1° De ceux qui se trouvent dans l'un des cas d'exemption prévus par les n°s 3, 4, 5, 6 et 7 de l'art. 13 de la loi de 1832 ;

2° Du chef d'un établissement agricole, industriel ou commercial ou de celui qui le dirige, lorsque la présence de l'un ou de l'autre à la tête de cet établissement sera reconnue nécessaire. (3e rapport supplémentaire.)

Cette nouvelle disposition, discutée dans la séance du 11 janvier 1868, fut de nouveau renvoyée à la commission, qui proposa, pour se conformer au vœu de la Chambre, la suppression de la seconde catégorie de jeunes gens admis à se faire remplacer. L'art. 7 fut adopté, dans sa rédaction actuelle, dans la séance du 13 janvier 1868.

Il résulte de cette disposition que la qualité d'homme marié ne suffirait pas pour conférer le droit de se faire remplacer.

La loi n'ayant pas imposé au remplacé l'obligation de répondre de son remplaçant en cas de désertion, nous pensons qu'il n'y est pas soumis.

SECTION II.

De l'organisation de la garde nationale mobile. — De son instruction. — Des peines disciplinaires.

ARTICLE 8.

La garde nationale mobile est organisée par départements, en bataillons, compagnies et batteries.

Les officiers sont nommés par l'Empereur, et les sous-officiers et caporaux par l'autorité militaire.

Ils ne reçoivent de traitement que si la garde nationale mobile est appelée à l'activité.

Sont seuls exceptés de cette disposition l'officier chargé spécialement de l'administration, et les officiers et sous-officiers instructeurs.

46. Il résulte de cet article que la garde nationale mobile se composera d'infanterie et d'artillerie.

D'après la déclaration de M. le ministre de la guerre, dans la séance du Corps législatif du 14 janvier 1868, l'Empereur choisira les officiers de la garde nationale mobile, partie dans les officiers en retraite, partie dans les jeunes gens ou dans les engagés volontaires faisant partie de la garde nationale mobile (*Moniteur* du 15 janvier 1868).

La commission a reproduit, dans son premier rapport du mois de juin 1867 (*Moniteur* du 19), un tableau des traitements qui seront faits aux officiers chargés de l'administration, aux officiers et sous-officiers instructeurs, aux caporaux, brigadiers, tambours et trompettes. Elle a donné en même temps un aperçu des dépenses d'habillement et d'équipement des gardes nationaux mobiles qui sont à la charge de l'État.

47. On évaluait la force numérique de la garde nationale mobile à environ 400,000 hommes, alors que le projet de loi n'y comprenait pas ceux qui se sont fait remplacer dans l'armée. Depuis la modification apportée à l'art. 4, on peut porter l'évaluation à environ 500,000 hommes. (Voy. le discours de M. Ségris, dans la séance du 11 janvier 1868, qui donne des chiffres plus élevés ; mais nous tenons compte des déductions à titre de soutiens de famille.)

***

ARTICLE 9.

Les jeunes gens de la garde nationale mobile sont soumis, à moins d'absence légitime :

1° A des exercices qui ont lieu dans le canton de la résidence ou du domicile ;

2° A des réunions par compagnie ou par bataillon, qui ont lieu dans la circonscription de la compagnie ou du bataillon.

Chaque exercice ou réunion ne peut donner lieu, pour les jeunes gens qui y sont appelés, à un déplacement de plus d'une journée.

Ces exercices ou réunions ne peuvent se répéter plus de quinze fois par année.

Toute absence dont les causes ne sont pas reconnues légitimes sera constatée par l'officier ou le sous-officier de la compagnie, qui devra faire viser son rapport par le maire de la commune, lequel donnera son avis.

Après trois constatations faites dans l'espace d'un an, le garde national mobile peut être poursuivi, conformément à l'art. 83 de la loi du 13 juin 1851, devant le tribunal correctionnel, lequel, après vérification des causes d'absence, le condamne, s'il y a lieu, aux peines édictées par ledit article.

Sont exemptés des exercices ceux qui justifient d'une connaissance suffisante du maniement des armes et de l'école du soldat.

48. L'article correspondant du projet a subi plusieurs modifications qu'il serait trop long de reproduire ici ; nous nous contenterons d'indiquer dans quel sens le texte primitif a été modifié.

Dans le principe, la rédaction du Gouvernement comportait la volonté arrêtée de caserner la garde nationale mobile pendant un temps qui pouvait être de vingt-cinq jours par an. La commission fit observer « qu'une garde nationale mobile que le ministre de la

« guerre a le droit d'enlever à ses foyers tous les ans pendant
« vingt-cinq jours, pour la soumettre au casernement, à la vie
« militaire, à des exercices quotidiens, n'est plus une garde na-
« tionale mobile, mais une véritable réserve militaire....... l'on
« militariserait ainsi toute la jeunesse de France. » (1er rapport
de la commission, *Moniteur* du 19 juin 1867.)

La commission proposa en conséquence une nouvelle rédaction
à laquelle le Gouvernement accéda, à la suite de la discussion
publique au Corps législatif et qui a passé dans la loi.

Remarquons que les exercices ont lieu dans le canton de la
résidence ou du domicile, et qu'aux termes de l'art. 6 de la loi,
« les gardes nationaux mobiles peuvent librement changer de do-
« micile ou de résidence ; ils peuvent voyager en France et à
« l'étranger, sans que le manquement aux exercices ou aux réu-
« nions résultant de cette absence puisse devenir contre eux le
« motif d'une poursuite. »

Observons aussi qu'aux termes du § dernier de l'art. 9, ceux
qui justifient d'une connaissance suffisante du maniement des
armes et de l'école du soldat, sont exemptés des *exercices*, mais
non pas des *réunions*.

49. Les §§ 6 et 7 de l'art. 9 ont été introduits sur la demande
de la commission (3e rapport supplémentaire, *Moniteur* du 10 janvier 1868).

La loi ne veut pas que l'officier ou le sous-officier soit juge de
la non-légitimité de l'absence des réunions ou des exercices. Elle
lui permet seulement de constater l'absence, en prenant l'avis
du maire de la commune sur la légitimité de cette absence. Les
deux premières constatations ne donnent lieu à l'application
d'aucune peine. A la suite d'une troisième constatation faite dans
l'année, le garde national mobile peut être poursuivi devant le
tribunal correctionnel, conformément à l'art. 83 de la loi du
13 juin 1851 sur la garde nationale, et le tribunal est juge, non-
seulement de l'illégitimité de la troisième absence, mais encore
de la non-légitimité des deux autres, qui seule donne ouverture
à l'action.

La peine portée par la loi est un emprisonnement de six jours
à dix jours, et une amende de 16 à 30 francs. En cas de récidive
dans l'année, à partir du jugement correctionnel, la peine est un
emprisonnement de dix jours à vingt jours, et une amende de 30
à 100 francs (art. 83 de la loi de 1851, rapporté sous l'art. 10 de
la loi).

Il est bien entendu que les exercices ou les réunions de la compagnie ou du bataillon auxquels le garde national n'aura pas
assisté, ne compteront pas dans les quinze journées qui peuvent
être exigées de lui chaque année.

ARTICLE 10.

Pendant la durée des exercices et des réunions, la garde nationale mobile est soumise à la discipline réglée par les art. 113,
114 et 116 de la section II du titre V de la loi du 13 juin 1851

sur la garde nationale, ainsi que par les art. 5, 81 et 83 de ladite loi.

Les peines énoncées à l'art. 113 sont applicables, selon la gravité des cas, aux fautes énumérées aux art. 73, 74 et 76 de la section 1re du titre IV.

La privation du grade est encourue dans les cas prévus aux art. 75 et 79 ; elle est prononcée :

Pour les officiers, par l'Empereur, sur un rapport du ministre de la guerre ;

Pour les sous-officiers, caporaux ou brigadiers, par l'autorité militaire.

Les officiers, sous-officiers, caporaux ou brigadiers employés à l'administration ou à l'instruction sont soumis à la discipline militaire pendant la durée de leurs fonctions.

50. Le premier projet du Gouvernement soumettait tous les gardes nationaux mobiles à la discipline et aux lois militaires pendant la durée des revues, des réunions et des exercices. La commission a pensé « que, jusqu'à l'appel à l'activité, le garde na-« tional restant citoyen, ne pouvait être puni, pour le manquement « aux exercices ou les fautes commises pendant leur durée, que « conformément aux dispositions de la section II du titre V de la « loi sur la garde nationale du 13 juin 1851. » Elle a demandé que les officiers, sous-officiers, caporaux ou brigadiers, employés à l'administration ou à l'instruction, fussent seuls soumis à la discipline militaire pendant la durée de leurs fonctions (1er rapport de la commission, *Moniteur* du 19 juin 1867). Le Gouvernement a accepté cet amendement.

51. Voici le texte des articles de la loi du 13 juin 1851, visés par l'art. 10 de la loi du 1er février 1868.

1. — *Articles visés par le paragraphe 1er de l'article 10.*

Art. 113. Lorsque, conformément à l'art. 108, la garde nationale doit fournir des détachements en service ordinaire, sur la réquisition des sous-préfets, des préfets, ou, en vertu d'un décret, les peines de discipline sont fixées ainsi qu'il suit :

Pour les officiers :

1° Les arrêts simples pour dix jours au plus ;
2° La réprimande avec mise à l'ordre ;
3° La salle de discipline pour six jours au plus ;
4° La prison pour six jours au plus.

Pour les sous-officiers, caporaux et soldats :

1° La consigne pour dix jours au plus ;
2° La réprimande avec mise à l'ordre ;
3° La salle de discipline pour six jours au plus ;
4° La prison pour six jours au plus.

Art. 114. Les arrêts de rigueur, la prison et la réprimande avec mise à l'ordre, ne peuvent être infligés que par le chef du corps ; les autres peines peuvent l'être par tout supérieur à son inférieur, à la charge d'en rendre compte dans les vingt-quatre heures, en observant la hiérarchie des grades.

Art. 116. Tout garde national qui, désigné pour faire partie d'un détachement, refuse d'obtempérer à la réquisition ou quitte le détachement sans autorisation, est traduit en police correctionnelle et puni d'un emprisonnement qui ne peut être inférieur à dix jours ni excéder trois mois ; s'il est officier, sous-officier et caporal, il est en outre privé de son grade.

Art. 5 (Titre Ier). Les citoyens ne peuvent ni prendre les armes, ni se rassembler comme gardes nationaux, avec ou sans uniforme, sans l'ordre des chefs immédiats, et ceux-ci ne peuvent donner cet ordre sans une réquisition de l'autorité civile.

Art. 84 (Titre IV). Le garde national qui vend, détourne ou détruit volontairement les armes de guerre, les munitions ou les effets d'équipement qui lui ont été confiés, est traduit devant un tribunal de police correctionnelle et puni de la peine portée en l'article 408 du Code pénal, sauf l'application de l'article 463 du même Code.

Le jugement de condamnation prononce la restitution, au profit de la commune, du prix des armes, munitions et effets.

Art. 83 (Titre IV). Après deux condamnations pour refus de service, le garde national est, en cas de troisième refus dans l'année, traduit devant le tribunal de police correctionnelle, et condamné à un emprisonnement qui ne peut être moindre de six jours ni excéder dix jours.

En cas de récidive dans l'année, à partir du jugement correctionnel, le garde national est traduit de nouveau devant le tribunal de police correctionnelle et puni d'un emprisonnement qui ne peut être moindre de dix jours ni excéder vingt jours.

Il est en outre condamné aux frais et à une amende qui ne peut être moindre de 16 francs ni excéder 30 francs, dans le premier cas, et, dans le deuxième, être moindre de 30 francs, ni excéder 100 francs.

II. — *Articles visés par le paragraphe 2 de l'article 10.*

Art. 73 (Titre IV). Est puni, selon la gravité des cas, de l'une des peines énoncées sous les numéros 1, 2, 3 et 4 de l'article 72, tout officier qui, étant de service ou en uniforme, tient une conduite qui compromet son caractère ou porte atteinte à l'honneur de la garde nationale.

Est puni de l'une des mêmes peines, selon la gravité des cas, tout officier ou chef de poste qui commet une infraction aux règles du service, à la discipline ou à l'honneur de la garde nationale, et notamment qui contrevient à l'article 5 de la présente loi.

Art. 74 (Titre IV). Est puni de la prison tout officier ou sous-officier, chef de poste ou de détachement qui, étant de service, s'est rendu coupable :

D'inexécutions d'ordres reçus ou d'infractions à l'article 6 de la présente loi (1) ;

De manquement à un service commandé ou d'absence du poste non autorisée ;

D'inexactitude à signaler dans les formes requises les fautes de ses subordonnés ;

De désobéissance ;

D'insubordination ;

De manque de respect, de propos offensants, d'insultes envers les officiers d'un grade supérieur ;

De propos outrageants envers un subordonné ou d'abus d'autorité.

Art. 76 (Titre IV). Peut être puni, selon la gravité des cas, de la réprimande, de la réprimande avec mise à l'ordre ou de la prison pour deux jours au plus et trois en cas de récidive :

---

(1) Art. 6 (Titre Ier). Aucun chef de poste ne peut faire distribuer des cartouches aux gardes nationaux placés sous son commandement, si ce n'est en vertu d'ordres précis ou en cas d'attaque de vive force.

4° Tout sous-officier, caporal ou garde national coupable d'inexécution des ordres reçus, de désobéissance, d'insubordination ou de refus d'un service commandé.

Sont considérés comme services commandés, non-seulement les services commandés dans la forme ordinaire, mais encore les prises d'armes par voie de rappel ou de la convocation verbale ;

2° Tout sous-officier, caporal ou garde national de service qui est en état d'ivresse, profère des propos offensants contre l'autorité, ou tient une conduite qui porte atteinte à la discipline et à l'ordre ;

3° Tout sous-officier, caporal ou garde national de service qui abandonne ses armes, sa section ou son poste avant d'être relevé : l'arrivée tardive au lieu du rassemblement, l'absence du poste sans autorisation, et l'absence prolongée au delà du terme fixé par l'autorisation, peuvent être considérés comme abandon de poste ;

4° Tout sous-officier, caporal ou garde national qui enfreint l'art. 5 de la présente loi ;

5° Tout sous-officier, caporal ou garde national dont l'armement est mal entretenu, ou qui ne fait pas son service en uniforme dans les communes où l'uniforme est obligatoire.

III. — *Articles visés par le paragraphe 3 de l'article* 10.

Art. 75 (Titre IV). Dans le cas où l'ordre public est menacé, tout garde national qui, sans excuse légitime, ne se rend pas à l'appel, est puni d'un emprisonnement qui ne pourra excéder trois jours.

Tout officier ou sous-officier ou caporal est en outre privé de son grade.

Le jugement est mis à l'ordre.

Le conseil de discipline peut, de plus, prononcer contre les condamnés la radiation des contrôles du service ordinaire pour un temps qui n'excédera pas cinq années et ordonner l'affiche du jugement à leurs frais.

Tout garde national rayé des contrôles du service ordinaire est immédiatement désarmé.

Art. 79 (Titre IV). Est privé de son grade par le jugement de condamnation, tout officier, sous-officier ou caporal qui, après une première condamnation, est, dans les douze mois, puni de la prison, pour une seconde infraction, par le conseil de discipline.

52. En combinant tous ces textes on arrive aux résultats suivants :

Il n'existe pas de conseil de discipline dans la garde nationale mobile.

Les fautes énumérées dans les art. 5, 6, 73, 74 et 76 de la loi du 13 juin 1859 sont punies par *le chef du corps* ou même par tout *supérieur*. On leur applique les peines portées par l'art. 113 de la même loi, mais il faut observer qu'aux termes de l'art. 114 les arrêts de rigueur, la prison et la réprimande avec mise à l'ordre, ne peuvent être infligés que par le chef du corps.

Certaines infractions plus graves sont déférées au tribunal de police correctionnelle en vertu des art. 81 et 116 de la loi de 1851. Il en est de même du refus de service, qui est poursuivi, en vertu de l'art. 83, conformément au commentaire que nous avons donné de l'art. 9 de la loi du 1er février 1868. Enfin, dans les cas prévus par les art. 75 et 79 de la loi de 1851, à savoir : 1° manquement à l'appel, sans excuse légitime, dans le cas où l'ordre public est menacé ; 2° punition de la prison dans les douze mois qui suivent une première punition, les officiers, sous-officiers, caporaux ou brigadiers encourent le privation de leur grade. Elle est prononcée, pour les officiers, par l'Empereur ; pour les sous-officiers, caporaux ou brigadiers, par l'autorité militaire qui sera désignée dans le décrets relatifs à l'exécution de la loi.

SECTION III.

De la mise en activité.

ARTICLE 11.

A dater de la promulgation de la loi de mise en activité de la garde nationale mobile, les officiers, sous-officiers, caporaux et gardes nationaux qui la composent sont soumis à la discipline et aux lois militaires. Ils supportent les charges et jouissent des avantages attachés à la situation des soldats, caporaux, sous-officiers et officiers de l'armée.

53. Nous ferons observer que le décret qui ordonne la réunion des bataillons de la garde nationale, dans le 20 jours qui précèdent la présentation de la loi de mise en activité, n'entraîne pas les conséquences que l'art. 11 fait résulter de la loi de mise en activité.

54. Il résulte de l'art. 11 que les gardes nationaux mobiles acquerront des droits à une pension de retraite, soit lorsqu'ils auront, pendant le temps d'activité, reçu des blessures ou contracté des infirmités de la nature de celles qui confèrent aux militaires le droit à la retraite, soit lorsque leurs années de services militaires antérieurs, jointes au temps d'activité dans la garde nationale, formeront un total égal aux années de service militaire exigées pour les pensions militaires. Enfin, si un militaire en retraite, pourvu d'un grade supérieur dans la garde nationale mobile, acquérait, dans le cours de la campagne, des droits à la retraite pour infirmités ou blessures, sa retraite serait réglée d'après son nouveau grade. (Voy. le discours de M. le ministre de la guerre dans la séance du 14 janvier 1868, *Moniteur* du 15 janvier 1868.)

ARTICLE 12.

Sont abrogées toutes les dispositions contraires à la présente loi, et spécialement le titre VI de la loi du 22 mars 1831.

55. Le titre VI de la loi du 22 mars 1831 est celui qui avait *institué* le système de garde nationale mobile, que nous avons fait connaître dans le commentaire de l'art. 4.

SECTION IV.

Dispositions transitoires relativement au titre Ier.

ARTICLE 13.

Les jeunes gens compris dans le contingent de la classe de

1867 jouiront simultanément du droit de se faire remplacer ou exonérer.

Le nombre des exonérations ne pourra dépasser le nombre des rengagements et des engagements après libération qui auront été contractés avant le 1ᵉʳ avril 1868.

Le nombre des exonérations sera réparti par canton, par un arrêté du ministre de la guerre, proportionnellement à celui des exonérations prononcées en 1867 dans le même canton.

Les exonérations seront prononcées suivant l'ordre des numéros des tirages, en commençant par les derniers.

56. Le projet de loi ne renfermait que des dispositions transitoires relatives à la garde nationale mobile. L'article 1ᵉʳ du projet ayant été renvoyé à la commission pour l'examen d'un certain nombre d'amendements, elle proposa au Conseil d'Etat et lui fit agréer la disposition de l'art. 13, destinée à faciliter la transition entre le système de l'exonération et celui du remplacement (3ᵉ rapport supplémentaire, *Moniteur* du 10 janvier 1868) (1).

Cette disposition confère aux jeunes gens compris dans le contingent de la classe de 1867, c'est-à-dire à ceux qui tirent au sort en 1868, le droit de choisir entre l'exonération de la loi de 1855 et le remplacement (ou la substitution de numéros de la loi de 1832).

Le nombre des exonérations ne pourra pas dépasser le nombre des rengagements et des engagements après libération qui auront été contractés avant le 1ᵉʳ avril 1868 (voy. ci-dessus nᵒˢ 5 et 26). Les rengagements et engagements avec prime resteront donc autorisés jusqu'au 31 mars 1868.

La loi ne dit pas à partir de quelle époque on les comptera pour déterminer le nombre des exonérations. M. le ministre présidant le Conseil d'Etat a déclaré que ce serait à partir du 1ᵉʳ janvier 1868 (*Moniteur* du 31 décembre 1867, p. 1652, colonne 1). Il semble qu'on devrait compter à partir du jour où le nombre des exonérations prononcées les années précédentes aura été balancé par un nombre égal d'engagements, de rengagements et de remplacements militaires; de cette manière, la caisse de dotation de l'armée aura fourni à l'armée autant d'hommes qu'elle en aurait libéré.

Le nombre des exonérations fixé pour toute la France sera réparti par un arrêté du ministre de la guerre, entre les différents cantons, proportionnellement au nombre des exonérations prononcées en 1867 dans le même canton (2).

---

(1) Cette disposition aurait dû figurer au titre Iᵉʳ de la loi qui traite du recrutement de l'armée; ou bien on aurait dû faire un titre III, qui eût compris toutes les dispositions transitoires.

(2) En 1866, la proportion sur cent entre le nombre des exonérations admises dans chaque département et celui du contingent départemental a été au maximum de 45 pour 100 (Lot-et-Garonne), au minimum de 1 pour 100 (Corse), et en moyenne de 22 pour 100 (*Compte rendu des opérations du recrutement pendant l'année 1866*, p. 19). D'après ce document officiel, la proportion varie de 28 à 23 pour 100, dans seize départements, parmi lesquels figure celui de la

Supposons que le chiffre total des exonérations prononcées par les conseils de revision qui ont examiné la classe de 1866, soit de 22, et qu'il soit de 22 dans un certain canton ; s'il doit être accordé 10,000 exonérations à la classe de 1867, ce canton aura droit à 10 exonérations.

Aux termes du paragraphe dernier, ces 10 exonérations seront prononcées suivant l'ordre des numéros du tirage, en commençant par les derniers, c'est-à-dire qu'en supposant un contingent de 100 hommes, on admettra nécessairement, à l'exonération les numéros 100 à 91, et ce n'est qu'autant qu'il refuseront d'user du bénéfice de l'article 13 qu'on y admettra les numéros moins élevés.

Un arrêté du ministre de la guerre, en date du 18 février 1868, a fixé à 2,500 fr. le prix de l'exonération pour la classe de 1867.

Dispositions transitoires relatives au Titre II.

ARTICLE 14.

Font partie de la garde nationale mobile, à partir de la promulgation de [la présente loi, sauf les exceptions prévues par l'art. 4 de la présente loi, les hommes célibataires ou veufs sans enfants des classes de 1866, 1865, 1864 qui ont été libérés par les conseils de révision.

Ceux de la classe de 1866 y serviront 4 ans.
—   1865 3
.   —   1864 2

L'engagement de rester dix ans dans l'enseignement, prévu par les lois de 1832, 1850 et 1867, pourra être pris au moment où il sera procédé à la formation de la garde nationale mobile, en vertu des dispositions transitoires ci-dessus.

57. La loi qui organise la garde nationale mobile n'aurait pas atteint son but si les jeunes gens des classes antérieures à celle de 1867, avaient échappé à ses dispositions. La commission et le Gouvernement sont partis du principe que ces jeunes gens, bien que libérés du service militaire, restaient soumis à l'éventualité de faire partie *des corps détachés de la garde nationale pour le service de guerre*, qui pouvaient être créés en vertu du titre VI de la loi du 22 mars 1831 (voy. ci-dessus n° 29 et 1er rapport de la commission, *Moniteur* du 19 juin 1867). Ils en ont conclu qu'il n'y avait aucune injustice à appeler les jeunes gens des trois classes de 1866, 1865 et 1864 (1) à faire partie de la garde nationale mobile, sauf les exceptions prévues par l'art. 4 de la loi du 1er février 1868. Aux termes de l'art. 14, ils en font partie *à partir de la promulgation de la loi* et ils doivent y servir, ceux de la classe de 1866, pendant 4 ans, ceux de la classe de 1865, pendant 3 ans, ceux de la classe de 1864, pendant 2 ans.

Seine, de 12 à 10 pour 100 dans neuf départements, au nombre desquels se trouve le Bas-Rhin, de 9 à 7 pour 100 dans cinq départements, au nombre desquels se trouve le Haut-Rhin.

(1) Le projet prenait de plus les jeunes gens de la classe de 1863.

Toutefois l'art. 14 excepte les hommes mariés ou veufs avec enfants, ainsi que ceux qui se sont fait exonérer ou remplacer (1).

Telle est l'interprétation formelle de la loi, donnée dans le 3e rapport supplémentaire de la commission, et dans les explications orales du rapporteur à la séance publique du 14 janvier 1868 (*Moniteur* du 15 janvier, p. 83, col. 1).

Le motif de ces deux exceptions qui ne seront pas admises pour les classes qui suivront celle de 1866, c'est qu'aux termes des articles 143 et 150 de la loi du 22 mars 1831 sur la garde nationale, les hommes mariés, les veufs avec enfants, et les remplacés ne pouvaient être appelés à faire partie des corps détachés de la garde nationale, qu'après les célibataires de 20 à 35 ans. On a trouvé peu équitable de les appeler alors qu'on libérait définitivement les célibataires de 25 ans des classes antérieures à 1864. Nous pensons que ceux qui ont un substituant à l'armée doivent être considérés comme ayant un remplaçant.

58. Le § 2 de l'article se comprend aisément, si l'on se reporte aux explications données ci-dessus, n° 37.

ARTICLE 15.

Le maire, assisté des quatre conseillers municipaux les premiers inscrits sur le tableau, dresse l'état de recensement des jeunes gens de sa commune qui doivent faire partie de la garde nationale mobile, conformément à l'article précédent.

A Paris et à Lyon, cet état est dressé par le préfet ou son délégué, assisté de trois membres du conseil municipal et du maire de chaque arrondissement, pour le recensement de cet arrondissement.

58. Une circulaire du Ministre de la guerre, en date du 4 février 1868, a invité les préfets à faire dresser immédiatement par les maires, l'état de recensement des jeunes gens de la commune qui doivent faire partie de la garde nationale mobile.

Conformément à la circulaire, les maires se sont servi des listes de tirage de leurs communes et y ont relevé les noms de ceux qui ont été exemptés en vertu des n°ˢ 3, 4, 5, 6 et 7 de l'article 13 de la loi de 1832, ou libérés par leurs numéros de tirage. L'état de recensement a été publié les dimanches 16 et 23 février 1868, dans les formes prescrites par les articles 63 et 64 du Code Napoléon (publications de mariage). Les intéressés sont reçus à présenter leurs réclamations à la *mairie*, jusqu'à la réunion des conseils de révision dont il est parlé dans l'article suivant. Ils peuvent aussi les porter directement devant le conseil de révision.

L'état de recensement de chaque commune devra comprendre les jeunes gens qui ont changé de domicile depuis le tirage ; mais ils n'en feront pas moins leur service au lieu de leur nouvelle résidence.

---

(1) Le remplacement et la substitution de numéros étaient exceptionnellement permis entre frères, beaux-frères et parents jusqu'au sixième degré (Loi du 17 mars 1858). En ce qui concerne les mariés et veufs avec enfants, voyez notre observation 11e sur la circulaire du 12 février 1868.

ARTICLE 16.

Un conseil de révision par arrondissement juge, en séance publique, les causes d'exemption, qui ne peuvent être que celles prévues par les numéros 1 et 2 de l'article 13 de la loi de 1832, et les cas de dispense prévus par l'article 14 de la même loi et par les articles 79 de la loi du 15 mars 1850 et 18 de la loi du 10 avril 1867.

Toutefois, ce conseil de révision peut exempter, comme soutiens de famille, jusqu'à concurrence de dix pour cent, ceux qui auront le plus de titres à l'exemption.

Ce conseil est présidé :

Au chef-lieu du département,

Par le préfet, ou par le secrétaire général, ou par le conseiller de préfecture délégué par le préfet ;

Au chef-lieu des autres arrondissements,

Par le sous-préfet.

Il comprend en outre :

Un membre du conseil général ;

Un membre du conseil d'arrondissement ;

Un officier désigné par le général commandant le département.

En cas de partage, la voix du président est prépondérante.

Un médecin militaire est attaché au conseil de révision.

Ce conseil se transporte successivement dans les différents chefs-lieux et cantons de l'arrondissement.

Toutefois, selon les localités, le président peut réunir, pour les opérations du conseil, les jeunes gens appartenant à plusieurs cantons.

59. L'article 16 institue un conseil de révision par arrondissement pour arrêter la liste des jeunes gens des classes de 1866, 1865 et 1864, qui seront appelés à faire partie de la garde nationale mobile, et pour statuer sur les demandes et réclamations qui, aux termes de l'article 4 de la loi, seront portées devant les conseils de révision ordinaires, lorsqu'on appellera les jeunes gens des classes de 1867 et des années suivantes.

Un décret impérial du 12 février 1868 a ordonné que ces conseils de révision se réuniront du 9 au 21 mars prochain inclus, et une circulaire du Ministre de la guerre, du même jour, a donné aux autorités civiles et militaires les instructions nécessaires.

Nous donnons plus loin le texte de cette circulaire, qui servira, avec les observations dont nous l'accompagnons, de commentaire à l'article 16 de la loi.

60. Nous traiterons ici une *question très-importante,* sur laquelle la circulaire garde le silence.

On sait que d'après la jurisprudence, les décisions des conseils de révision ordinaires ne peuvent être déférées au Conseil d'Etat que pour excès de pouvoirs, par exemple, pour avoir statué sur une question d'état civil, au lieu de renvoyer devant les tribunaux. La fausse appréciation des faits, ni même la violation de la loi ne sont un grief suffisant pour les attaquer. Cette jurisprudence se fonde sur l'article 25 de la loi du 21 mars 1832, portant que les décisions des conseils de révision sont définitives. On invoque à l'appui cette considération, que quand la liste du contingent d'un canton est formée, les jeunes gens qui n'y sont pas inscrits sont définitivement libérés, d'où il résulte que si la décision du conseil de révision, qui porte un jeune homme sur la liste du contingent venait à être cassée, le contingent du canton se trouverait diminué d'un homme, puisqu'on ne pourrait prendre en remplacement un autre numéro de la liste de tirage.

L'article 16, qui institue transitoirement des conseils de révision par arrondissement, ne dit pas que leurs décisions soient définitives.

D'autre part, la considération qui a fait repousser le recours contre les décisions des conseils de révision ordinaires, fait évidemment défaut, puisqu'il n'y a ni tirage au sort ni jeunes gens libérés par leurs numéros. Nous nous trouvons ainsi en présence du principe que le recours au Conseil d'Etat est ouvert contre toutes les décisions administratives rendues en matière contentieuse.

Nous pensons donc que l'on peut lui déférer les décisions des conseils de révision d'arrondissement. Le recours peut être formé dans les trois mois de la notification de la décision ou de la connaissance acquise de cette décision, pourvu toutefois qu'il n'y ait eu aucun acquiescement. Il doit être présenté par un avocat au Conseil d'Etat et à la Cour de cassation. Il n'est pas suspensif, à moins que le Conseil d'Etat n'ordonne qu'il soit sursis à l'exécution de la décision attaquée. Il n'est d'ailleurs recevable qu'autant que les causes d'exemption et de dispense de service ont été présentées devant le conseil de révision, qui doit être appelé à prononcer en premier ressort.

ARTICLE 17.

La réunion des listes arrêtées par les conseils de révision des arrondissements forme la liste du contingent départemental.

Les jeunes gens faisant partie de ce contingent sont inscrits sur les registres matricules de la garde nationale mobile du département et répartis en compagnies et en bataillons d'infanterie et en batteries d'artillerie.

61. Cet article ne présente aucune difficulté. Nous nous contenterons de renvoyer à la circulaire du 12 février 1868 et aux explications données sous les articles 8, 9 et 10, relativement à l'organisation de la garde nationale mobile.

J. RAUTER,
Docteur en droit, avocat à la Cour impériale de Paris.

CIRCULAIRE

DU MINISTRE DE LA GUERRE, DU 12 FÉVRIER 1868 (1),

A LL. EExc. MM. les maréchaux commandant les corps d'armée ; MM. les généraux commandant les divisions et les subdivisions territoriales et actives, les préfets et les sous-préfets, les intendants et les sous-intendants militaires, les chefs de corps de toutes armes, les chefs de légion et les commandants de compagnie de gendarmerie, les commandants des dépôts de recrutement et de réserve.

Messieurs, la garde nationale mobile, constituée par les art. 14 et suivants de la loi du 1er février 1868 (dispositions transitoires), devant être formée dès la promulgation de la loi, j'ai déjà invité MM. les préfets (circulaire du 4 février), à faire établir immédiatement, dans chaque commune, l'état de recensement des hommes des classes de 1866, 1865 et 1864 appelés à la composer.

Conformément à la décision impériale du 12 février courant, la tournée des conseils de révision d'arrondissement qui, d'après l'article 16 de la loi, doivent statuer sur toutes les questions relatives à la formation du contingent de ces trois classes destiné à faire partie de la garde nationale mobile, s'effectuera du 9 au 21 mars prochain inclus.

Vous aurez à vous conformer pour ces opérations aux instructions que vous trouverez ci-après.

Éléments qui entrent dans la composition de la garde nationale mobile.

Sous la dénomination *de libérés par les conseils de révision,* la loi a compris (art. 14) à la fois les hommes dégagés de l'obligation du service militaire en raison de l'élévation de leurs numéros de tirage, ceux qui ont été exemptés par application des §§ 3°, 4°, 5°, 6° et 7° de l'art. 13 de la loi du 21 mars 1832, ainsi que ceux qui ont été dispensés en vertu de la loi du 4 juin 1864 (i).

En conséquence, sauf les *exonérés et les exemptés pour défaut de taille ou pour infirmités,* tous les inscrits des classes de 1866, 1865 et 1864, dont l'existence aura été constatée, devront se retrouver sur les états de recensement soumis au conseil de révision d'arrondissement, à moins qu'avant la date de la promulgation

---

(1) Les notes indiquées en chiffres arabes font partie de la circulaire. Les chiffres romains renvoient aux observations de l'auteur du Commentaire.

(i) *Observation 1re.* — Nous pensons que les jeunes gens, qui se sont fait remplacer ou substituer dans les cas prévus par la loi du 17 mars 1858, n'ont pas dû être portés sur les tableaux de recensement et que, s'ils y ont été compris, le conseil de révision ne doit pas les porter sur les listes de la garde nationale mobile. (Voir notre Commentaire sur l'art. 14, n° 57.) — Voy. sur la loi du 4 juin 1864, n° 27.

de la loi dans leurs départements ils ne fussent mariés ou veufs avec enfants (II).

Convocation des jeunes gens devant le conseil de révision.

Ces jeunes gens seront convoqués en vertu d'ordres individuels conformes au modèle n° 1 annexé à la présente circulaire.

Tournée des conseils de révision.

MM. les préfets régleront, pour chaque arrondissement, l'itinéraire du conseil de révision, après s'être entendus avec le général de brigade commandant le département et le sous-préfet. Autant que possible, ils feront en sorte que le conseil de révision se transporte au chef-lieu de chaque canton.

Ils n'useront de la faculté qui leur est laissée par l'article 16 de la loi de réunir plusieurs cantons en un seul, qu'autant que le délai fixé pour la tournée ne permettrait pas au conseil de se transporter dans tous les cantons successivement, soit en raison de leur nombre, soit à cause des distances à parcourir.

Dès que cet itinéraire aura été arrêté, il devra être publié et affiché dans toutes les communes.

L'article 16 de la loi établit un conseil de révision par arrondissement.

Composition du conseil de révision.

Au chef-lieu du département, le conseil est présidé par le préfet ou par le secrétaire général, ou le conseiller de préfecture délégué par le préfet ;

Dans les autres arrondissements, par le sous-préfet.

Il comprend en outre :

Un membre du conseil général ;

Un membre du conseil d'arrondissement ;

(II) *Observation II*. — La circulaire veut dire *avant le jour où la loi est devenue exécutoire dans le département*. La loi a été insérée au *Bulletin des lois*, le 3 février 1868. Elle est donc devenue exécutoire dans le département de la Seine, le 5 février, et dans les autres départements dans le même délai d'un jour franc, augmenté d'autant de jours qu'il y a de fois 10 myriamètres entre Paris et le chef-lieu du département (Cod. Nap., art. 1er, et ordonnance du 27 novembre 1816). Les distances *légales* sont fixées par un tableau annexé à un arrêté du 15 thermidor an XIII, et qui a été rectifié depuis par les ordonnances des 7 juillet 1824, 1er novembre 1826 et 12 juin 1834 (Voy. *Codes Tripier*, in-4°, p. 1178). En appliquant la règle que nous venons de poser, on trouve notamment que la loi est devenue exécutoire le 6 février 1868 dans la Seine-Inférieure, le 7 dans le Nord, le 8 dans le Maine-et-Loire, le 9 dans le Rhône, la Dordogne, le Bas-Rhin et le Haut-Rhin, le 10 dans la Gironde ; le 13, dans les Bouches-du-Rhône.

On exemptera tous les jeunes gens qui se sont mariés avant le jour où la loi est devenue exécutoire, parce qu'ils ne sont pas réputés avoir connu, au moment de leur mariage, la loi qui soumet les hommes mariés au service de la garde nationale mobile. Nous pensons au contraire que *ceux qui étaient veufs avec enfants, le 1er février 1868, jour de la promulgation, peuvent invoquer l'exemption* conférée par l'art. 14, alors même que leurs enfants seraient morts avant le jour où la loi est devenue exécutoire. On ne peut rétorquer contre eux les effets d'un délai que la loi accorde aux citoyens pour acquérir la connaissance des lois destinées à les régir.

Un officier désigné par le général commandant le département.

En cas de partage, la voix du président est prépondérante.

Un médecin militaire est attaché au conseil de révision.

Ce conseil de révision tout spécial diffère, quant à sa composition, du conseil de révision institué pour la formation du contingent de l'armée active.

Il n'est pas assisté par un membre de l'intendance militaire.

Le commandant du dépôt de recrutement accompagnera avec un sous-officier le conseil de révision de l'arrondissement du chef-lieu. Pour le conseil de révision des autres arrondissements, la même mission sera remplie par un officier et un sous-officier pris dans les corps le plus à proximité.

Les maires assisteront à la séance tenue par le canton dont leurs communes font partie.

L'officier commandant la gendarmerie de l'arrondissement devra accompager le conseil pendant toute la durée de la tournée.

Le conseiller général et le conseiller d'arrondissement faisant partie du conseil de révision seront désignés par le préfet (III). Il est convenable qu'ils soient appelés à siéger dans les localités autres que celles où ils ont leur résidence.

Je prie MM. les commandants des corps d'armée de donner immédiatement les ordres nécessaires, en ce qui concerne la désignation des officiers et des médecins militaires appelés à faire partie des conseils de révision ou à les assister pendant la tournée.

Les officiers désignés pour prendre part aux opérations du conseil de révision, soit comme membres, soit pour remplacer le commandant du dépôt de recrutement, ne devront pas être d'un grade inférieur à celui de *capitaine*.

A défaut de médecins-majors, il conviendra de choisir autant que possible des aides-majors de 1re classe et, parmi eux, les plus anciens d'âge et de service.

Les diverses autorités militaires se concerteront avec les préfets pour que les officiers et les médecins arrivent à temps auprès des conseils de révision et ne soient pas retenus sans nécessité.

Il est expressément interdit aux médecins d'examiner les jeunes gens hors de la présence des conseils de révision.

Il importe que, pour cette première application de la loi, les préfets ne se fassent remplacer qu'autant que des nécessités impérieuses de service l'exigeraient.

Séances des conseils de révision.

Le commandant du dépôt de recrutement ou l'officier chargé de le suppléer au conseil de révision d'arrondissement préside à l'opération du toisage des jeunes gens, prend leur signalement et recueille en même temps sur leur aptitude physique tous les renseignements nécessaires pour qu'ils puissent être affectés, après la clôture des listes, à l'arme de l'infanterie ou à celle de l'artillerie, conformément à l'art. 17 de la loi.

(III) *Observation* IIIe. — Dans le silence de l'art. 16 de la loi du 1er février 1868, on applique, par analogie, l'art. 15 de la loi du 21 mars 1832.

Les renseignements particuliers recueillis par l'officier faisant fonctions de commandant de dépôt de recrutement seront adressés, aussitôt après la tournée de révision, au commandant du dépôt.

· Les maires auront soin de se munir d'un double de l'état de recensement qu'ils auront établi en exécution de la circulaire du 4 février.

Ils se mettront en mesure non-seulement de renseigner le conseil sur l'identité des hommes appelés à se présenter, mais encore de l'éclairer sur les cas d'exemption ou de dispense allégués par les jeunes gens.

La gendarmerie ne doit être employée près du conseil de révision que pour assurer le bon ordre et prêter main-forte au besoin. Toutefois, sur la demande du président du conseil, un gendarme pourra toujours être chargé de faire l'appel des jeunes gens.

Il sera tenu procès-verbal des séances du conseil de révision d'arrondissement. Le procès-verbal indiquera nominativement les membres présents à la séance, ainsi que les délibérations qui auront été prises.

Examen des états de recensement.

Les états de recensement, publiés et affichés en exécution de l'art. 15 de la loi, seront adressés au chef-lieu d'arrondissement par les maires (1).

Cet envoi sera accompagné des pièces fournies par les hommes à l'appui des réclamations qu'ils auront à faire devant les conseils de révision.

Les états et les pièces dont il s'agit seront préalablement examinés dans les bureaux de la sous-préfecture.

A l'ouverture de la séance, en présence de tous les jeunes gens assemblés, le président du conseil de révision, assisté des maires, donne lecture, en suivant l'ordre alphabétique de communes, des noms inscrits sur les états de recensement.

Il demande aux personnes présentes si elles ont quelques observations à faire, tant au sujet des inscriptions opérées que sur les omissions qui pourraient avoir été commises.

Les observations qui se produiraient seront consignées sur les états de recensement, et le conseil, après avoir pris l'avis des maires, appréciera la suite à y donner.

Il rayera immédiatement les hommes qui, par suite de condamnations judiciaires, se trouveraient dans un des cas d'exclusion des rangs de l'armée prévus par l'article 2 de la loi du 21 mars 1832, savoir :

« 1° Les individus condamnés à une peine afflictive ou infamante;

« 2° Ceux condamnés à une peine correctionnelle de deux ans « d'emprisonnement et au-dessus, et qui, en outre, ont été placés « sous la surveillance de la haute police et interdits des droits « civiques, civils et de famille. »

---

(1) Il est bien entendu, d'ailleurs, que ces états pourront être modifiés et complétés jusqu'au jour de la réunion du conseil de révision d'arrondissement.

Visite des jeunes gens.

Le conseil de révision procédera ensuite à huis clos à la constatation de l'aptitude physique des jeunes gens, suivant les règles tracées par les nᵒˢ 18 , 19 et 20 de l'instruction du 18 mai 1840.

Il ne devra visiter que ceux qui, alléguant une infirmité, en feront expressément la demande.

Décisions des conseils de révision.

Le conseil de révision statuera séance tenante sur les réclamations qui lui seront soumises.

Toutefois, pour les jeunes gens qui se prétendraient étrangers, il suspendra sa décision *lorsqu'il aura des doutes sur leur nationalité*, et saisira au besoin les tribunaux de la question (IV).

Ceux qui ne se présenteraient pas ou ne se feraient pas représenter seront inscrits d'office sur les listes de la garde nationale mobile.

Les décisions sont portées en regard du nom de chaque inscrit sur les états de recensement qui sont entre les mains du conseil de révision.

A l'issue de chaque séance, ces états sont clos et signés par tous les membres présents.

Exemptions.

Les seules exemptions admises pour la garde nationale mobile sont les exemptions pour défaut de taille et pour infirmités.

L'exemption au titre du défaut de taille ne devra être accordée qu'aux hommes ayant moins de 1 m. 55 c., la loi ayant abaissé d'un centimètre le minimum de la taille.

L'instruction du 2 avril 1862 insérée au Journal militaire (1ᵉʳ semestre de 1862, nᵒ 12, page 169) servira de guide aux médecins militaires pour l'appréciation des exemptions pour infirmités.

Dispenses.

Les jeunes gens qui se trouveront dans les cas de dispense prévus par l'article 14 de la loi du 21 mars 1832 produiront, pour la justification de ces droits, les pièces dont la nomenclature est indiquée par le bordereau nᵒ 5 annexé à l'instruction du 26 novembre 1845.

La loi du 1ᵉʳ février 1868 dispense, en outre, de la garde nationale mobile (V) :

1ᵒ Ceux auxquels leurs fonctions confèrent le droit de requérir la force publique ;

(IV) *Observation* IVᵉ. — Du moment où un jeune homme se prétend étranger, le conseil de révision doit renvoyer le litige devant le tribunal, qui sera saisi, soit par le préfet, soit par le jeune homme lui-même. Il commettrait un excès de pouvoirs en déclarant la réclamation mal fondée (Voy. art. 26 de la loi du 21 mars 1832).

(V) *Observation* Vᵉ. — Malgré le texte du § 1ᵉʳ, de l'art. 16 de la loi du 1ᵉʳ février 1868, la circulaire décide avec raison qu'on peut invoquer toutes les causes d'exemption et de dispense établies par l'art. 4. En effet, l'art. 14 ne fait entrer dans la garde nationale mobile les célibataires ou veufs sans enfants des classes 1866, 1865 et 1864, que sauf les exceptions prévues par l'art. 4.

2° Les ouvriers des établissements de la marine impériale et ceux des arsenaux et manufactures d'armes de l'Etat, dont les services ouvrent des droits à la pension de retraite ;

3° Les préposés du service actif des douanes et des contributions indirectes ;

4° Les facteurs de la poste aux lettres ;

5° Les mécaniciens de locomotives sur les chemins de fer.

Pour les hommes des classes de 1866, 1865 et 1864 que concerneraient ces cas de dispense, en raison du peu de temps qui doit s'écouler d'ici au jour de la révision, il suffira qu'ils produisent les pièces suivantes :

1° Ceux auxquels leurs fonctions confèrent le droit de requérir la force publique, une déclaration signée soit par le premier président de la Cour impériale dans le ressort de laquelle ils se trouvent, ou par le procureur général près cette Cour, s'ils appartiennent à l'ordre judiciaire, soit par le préfet du département, s'ils appartiennent à l'ordre administratif ;

2° Les ouvriers des établissements de la marine impériale et ceux des arsenaux et manufactures d'armes de l'Etat, dont les services ouvrent des droits à la pension de retraite, un certificat de présence délivré par le directeur de l'établissement auquel ils sont attachés (1) ;

3° Les préposés du service actif des douanes et des contributions indirectes, un certificat du directeur dont ils relèvent ;

4° Les facteurs de la poste aux lettres, un certificat du directeur des postes du département ;

5° Les mécaniciens de locomotives sur les chemins de fer, une attestation visée par l'ingénieur en chef, chargé du service de contrôle et de surveillance de la ligne.

Il pourra d'ailleurs être justifié postérieurement aux opérations du conseil de révision des cas de dispense prévus par les nᵒˢ 1°, 2°, 3°, 4° et 5° de l'article 4 de la loi du 1ᵉʳ février 1868.

Quant aux instituteurs et instituteurs adjoints qui, au lieu d'être employés dans un établissement public d'instruction, ainsi que l'exige l'article 79 de la loi du 15 mars 1850, seraient attachés à une école libre existant depuis plus de deux ans et comptant au moins 30 élèves, ils peuvent aussi être dispensés de la garde nationale mobile.

A cet effet, ils auront à produire, outre l'acte d'acceptation par le recteur de leur engagement décennal dans l'instruction primaire, un certificat délivré par le maire de la commune où ils exercent et visé par le sous-préfet, indiquant :

1° L'époque de la création de l'école ;

2° Le nombre des élèves.

Vous trouverez ci-après les modèles de ces actes et certificats (modèles nᵒ 2 et nᵒ 3).

Hommes servant dans l'armée comme remplaçants.

La loi n'a pas expressément désigné comme devant être dis-

---

(1) Le certificat devra spécifier le droit à la pension de retraite.

pensés de la garde nationale mobile les hommes des classes de 1866, 1865 et 1864 qui, après avoir été libérés par leurs numéros de tirage, ont contracté des remplacements. Mais il est évident que tout homme servant dans les rangs de l'armée, à quelque titre que ce soit, se trouve de fait dégagé du service de la garde nationale mobile. Les hommes dont il s'agit devront, en conséquence, être annotés sur les listes de la garde nationale, comme étant sous les drapeaux à titre de remplaçants.

Remplacements entre parents jusqu'au sixième degré.

Aux termes de l'art. 4 de la loi du 1er février 1868, les jeunes gens sont autorisés à faire admettre en leurs lieu et place, dans la garde nationale mobile, des parents jusqu'au sixième degré, pourvu que ces parents aient moins de quarante ans et remplissent les autres conditions prévues par la loi du 21 mars 1832 (vi).

On se reportera, pour ces remplacements, aux dispositions générales de cette dernière loi, et pour les justifications à produire, aux prescriptions de la circulaire du 30 avril 1860.

Les conseils de révision pourront statuer sur les remplacements, soit pendant la tournée, aux chefs-lieux de canton, soit lorsque la tournée sera terminée, au chef-lieu d'arrondissement.

Soutiens de famille.

La loi du 1er février 1868 autorise le conseil de révision à prononcer l'exemption comme soutiens de famille, à raison de 10 p. 0/0 du chiffre du contingent, des hommes qui lui paraîtront avoir le plus de titres à cette faveur (vii).

Les jeunes gens qui voudraient jouir du bénéfice de cette disposition devront en faire la demande, au plus tard la veille du jour fixé pour la révision dans le canton auxquels ils appartiennent.

Ces demandes devront être soumises au conseil de révision réuni au chef-lieu de canton, afin de lui permettre de prendre, sur les lieux mêmes, tous les renseignements de nature à l'éclairer sur la situation des réclamants.

Il est procédé à la formation de la liste des soutiens de famille au chef-lieu d'arrondissement, immédiatement après la clôture de la tournée de révision dans les cantons.

La proportion de 10 p. 0/0 fixée par la loi doit être établie, pour chaque classe, sur le chiffre des jeunes gens disponibles, c'est-à-dire déduction faite des exemptés et des dispensés.

Réunion des listes.

Toutes les opérations du conseil de révision d'arrondissement étant terminées, il sera dressé par le président, pour chaque

---

(vi) *Observation* VI°.— Nous pensons que la substitution doit être permise, non-seulement entre parents, mais entre alliés jusqu'au sixième degré (Voir notre Commentaire sur l'art. 4 de la loi du 1er février 1848, n° 33).

(viii) *Observation* VII°.— Pour les classes antérieures à celle de 1866, le conseil de révision a la faculté, mais non l'obligation de prononcer les exemptions comme soutiens de famille (comparez les art. 4 et 16 de la loi).

classe, quatre listes distinctes des jeunes gens portés sur les états de recensement. Ces listes comprendront :

La première, les jeunes gens qui auront été définitivement inscrits comme disponibles sur la liste de la garde nationale mobile ou leurs remplaçants (modèle n° 4) ;

La deuxième, les exemptés ;

La troisième, les dispensés ;

La quatrième, les soutiens de famille.

Ces listes seront envoyées au préfet.

A l'aide de la première, il établira la liste du contingent départemental.

Les trois autres formeront les listes générales des exemptés, des dispensés et des soutiens de famille. Elles feront connaître seulement les noms et prénoms des jeunes gens, les cantons auxquels ils appartiennent et les motifs pour lesquels ils ont été exemptés, dispensés ou désignés comme soutiens de famille. Ces listes resteront dans les archives de la préfecture pour être consultées au besoin.

Lorsque des jeunes gens cesseront de se trouver dans les conditions de la dispense ou d'être les soutiens de leur famille, ils seront signalés par les soins du préfet à l'autorité militaire, afin qu'il soit procédé à leur immatriculation sur les listes de la garde nationale mobile (VIII).

Des copies de la liste générale du contingent seront adressées par le préfet au sous-intendant militaire ainsi qu'au commandant du dépôt de recrutement.

Un extrait de la liste du contingent départemental sera ensuite publié et affiché dans chaque commune.

Frais de recrutement.

Les indemnités à allouer aux préfets et aux sous-préfets seront ultérieurement fixées.

Quant à celles qu'il convient d'attribuer aux membres des conseils de révision, aux médecins militaires, aux commandants des dépôts de recrutement ou aux officiers chargés de les suppléer, elles seront les mêmes que celles qui sont fixées pour la tournée annuelle de révision.

Les préfets se reporteront, à cet égard, aux règles tracées par l'instruction du 30 avril 1860 (pages 25 et suivantes).

Comptes à rendre.

Dès que la liste du contingent départemental leur aura été envoyée, les commandants de dépôts de recrutement me feront connaître, pour chacun des arrondissements du département, le chiffre, par classe, des jeunes gens inscrits sur ladite liste.

Ils auront, du reste, à m'adresser ultérieurement un compte rendu détaillé dont le modèle sera donné.

Les préfets me feront parvenir, de leur côté, du 1er au 5 avril

---

(VIII) *Observation* VIIIe. — Voir notre Commentaire sur l'art. 4 de la loi (n°ˢ 39 et 40).

(bureau du recrutement), un rapport contenant les observations qui auront été recueillies, tant par eux que par les sous-préfets, pendant la tournée de révision.

Je vous ferai d'ailleurs, Messieurs, remarquer, en finissant, que les prescriptions de la présente circulaire ont trait uniquement à l'exécution des dispositions transitoires de la loi du 1er février 1868, et qu'elles ne sauraient servir de base pour la formation du contingent de la garde nationale mobile de la classe de 1867, au sujet de laquelle des instructions spéciales vous seront adressées.

Recevez, Messieurs, l'assurance de ma considération la plus distinguée.

Le Maréchal de France, Ministre Secrétaire d'Etat de la guerre,

NIEL.

MODÈLE n° 2. — N° 1.

MODÈLE *d'engagement décennal pour la dispense du service de la garde nationale mobile.*

Je soussigné   , né le   , à   , département d   , atteint par la loi du 1er février 1868 pour le service de la garde nationale mobile et exerçant les fonctions   dans l'école libre dirigée à département d   par laquelle école existe depuis le   ainsi qu'il résulte du certificat ci-joint, déclare contracter devant M. le recteur de l'académie d   , conformément à l'article 4 de la loi du 1er février 1868, l'engagement de me vouer, pendant dix ans, à l'instruction primaire dans une école libre ouverte suivant les conditions déterminées par ledit article.

Fait à   , le   186 .

N° 2.

MODELE *d'acceptation d'engagement décennal pour la dispense du service de la garde nationale mobile.*

Le Recteur de l'académie d

Vu l'engagement contracté entre ses mains le   par M.   , né le   , à département d   , exerçant les fonctions d dans l'école libre dirigée à   , département d   , par   , atteint par la loi du 1er février 1868 pour le service de la garde nationale mobile;

Vu le certificat attestant que l'école d
existe depuis le   , qu'elle n'a cessé, depuis cette époque, de réunir annuellement 30 élèves au moins et
que le nombre des maîtres adjoints n'y dépasse pas les limites
fixées par l'article 4 de la loi du 1er février 1868,
    Arrête ce qui suit :
    Est accepté l'engagement de se vouer pour dix ans au service
de l'instruction primaire libre contracté le   par
M.   , en vertu de l'article 4 de la loi du 1er
février 1868 sur le recrutement de l'armée et le service de la
garde nationale mobile.
    Fait à   , le   186 .

Le Recteur,

DÉPARTEMENT
d
_____

ARRONDISSEMENT
d
_____

CANTON
d
_____

COMMUNE
d

(1) Au point de vue
des adjoints, il cou-
viendra d'indiquer si
l'école, au lieu de
30 élèves, a réuni au
moins 60, 90, 120
élèves ou plus, en pro-
cédant par fraction
de 30.

Modèle n° 3.

MODÈLE *du certificat du Maire attestant*
l'époque à laquelle l'école libre a été fondée.

Nous, Maire soussigné de la commune d
                , département d   ,
certifions que l'école libre dirigée par M.   ,
à   a été
ouverte le   , en vertu de
la déclaration faite à la mairie le
conformément à l'article 27 de la loi du 15
mars 1850 ; qu'il n'a été fait aucune opposition
à l'ouverture de cette école et qu'elle n'a cessé
de réunir annuellement (1)   élèves au
moins ;
    Fait à   , le   186

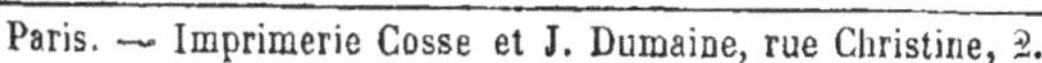

Paris. — Imprimerie Cosse et J. Dumaine, rue Christine, 2.